Jürgen H. Franz
Religion in der Moderne

Philosophie, Band 2

Jürgen H. Franz

Religion in der Moderne

Die Theorien von Jürgen Habermas
und Hermann Lübbe

Frank & Timme
Verlag für wissenschaftliche Literatur

Umschlagabbildung: Das Bild zeigt die Kaiser-Wilhelm-Gedächtnis-Kirche in Berlin.

ISBN 978-3-86596-259-1
ISSN 1860-8337

© Frank & Timme GmbH Verlag für wissenschaftliche Literatur
Berlin 2009. Alle Rechte vorbehalten.

Das Werk einschließlich aller Teile ist urheberrechtlich geschützt.
Jede Verwertung außerhalb der engen Grenzen des Urheberrechtsgesetzes ist ohne Zustimmung des Verlags unzulässig und strafbar.
Das gilt insbesondere für Vervielfältigungen, Übersetzungen,
Mikroverfilmungen und die Einspeicherung und Verarbeitung in
elektronischen Systemen.

Herstellung durch das atelier eilenberger, Leipzig.
Printed in Germany.
Gedruckt auf säurefreiem, alterungsbeständigem Papier.

www.frank-timme.de

Vorwort

Welche Bedeutung haben Religion und Glaube im 21. Jahrhundert? Sind sie in der Auflösung begriffen oder erfahren sie eine unerwartete Renaissance? Werden sie eines Tages obsolet, weil sie sukzessive durch wissenschaftliche Weltbilder ersetzt werden, oder können sie gar nicht obsolet werden, weil sie eine notwendige Bedingung menschlichen Daseins und Zusammenlebens sind? Worin unterscheiden sich Religion, Weltbild und Glaube?

Dieses Buch verfolgt das Ziel, die Bedeutung von Religion, Glaube und Weltbildern in der Moderne philosophisch zu bedenken. Der Weg zu diesem Ziel beginnt bei der schon historischen religionsphilosophischen Theorie von ROUSSEAU und führt sodann weiter zu den beiden aktuellen und konträren Positionen von HABERMAS und LÜBBE. In der kritischen und systematischen Auseinandersetzung mit den religionsphilosophischen Überlegungen von HABERMAS und LÜBBE werden in diesem Buch die Probleme aufzeigt, die mit der Beantwortung der oben gestellten Fragen verknüpft sind. Darauf aufbauend wird der Versuch unternommen, diese Fragen zu beantworten. Das Ergebnis sind vier Thesen zur Bedeutung von Religion, Glaube und Weltbildern in der Moderne. Das Buch umfasst somit zwei Schwerpunkte: erstens die kritische Auseinandersetzung mit den konträren religionsphilosophischen Theorien von HABERMAS und LÜBBE und zweitens die darauf aufbauende Entwicklung und Begründung von vier genuinen religionsphilosophischen Kernthesen.

Der in diesem Buch publizierte Text gründet auf meiner Masterthesis im Fach Philosophie, die zum Zwecke der Publikation inhaltlich modifiziert und überarbeitet wurde. Mein Dank gilt Frau Prof. Dr. Anneliese Gethmann-Siefert, die in mir die Begeisterung für religionsphilosophische Problem- und Fragestellungen weckte, zum Thema der Thesis anregte und die Bearbeitung des Themas kritisch begleitete. Von ganzem Herzen danke ich meiner Ehefrau Doris, die stets ein offenes Ohr für meine philosophischen Probleme hatte und mir vor allem immer

Vorwort

wieder zeigte, dass es auch noch ein Leben außerhalb der Philosophie gibt. Dank gilt auch meinem langjährigen Freund Prof. Dr. Dieter Braun für fruchtbare und spannende philosophische Diskussionen, die wir während zahlreicher langer Wanderungen auf den Höhenwegen entlang der Mosel und in den noch nahezu unberührten Seitentälern der Mosel mit Begeisterung führten.

Jürgen H. Franz   Enkirch an der Mosel im Sommer 2009

INHALT

VORWORT 5

1 EINLEITUNG 11

1.1 Der Begriff der Moderne 14
1.2 Vier Thesen zur Bedeutung von Glaube, Religion
    und Weltbildern in der Moderne 16
1.3 Zielsetzung 23

2 ROUSSEAU: DAS KONZEPT DER RELIGION CIVILE 27

2.1 Die moralische und politische Bedeutung der Religion 27
2.2 Religion Civile als verbindliche Minimalreligion 30
2.3 Das Toleranzgebot der Religion Civile 33
2.4 Die Religion Civile als Vorstufe moderner Zivilreligionen 37

3 LÜBBE: RELIGION ALS KONTINGENZBEWÄLTIGUNG -
DIE MODERNE VERSION DER ZIVILRELIGION 39

3.1   Was ist Zivilreligion? 39
3.2   Funktion, Wirkung und Bedeutung der Zivilreligion 42
3.2.1 Kontingenzbewältigung 42
3.2.2 Legitimation politischer Ordnung und Macht 53
3.2.3 Identitätsstiftung 56
3.3   Rechtsphilosophische Reflexion 63
3.4   HABERMAS' Kritik an LÜBBEs Funktionalisierung
      der Religion 64

Inhalt

4 HABERMAS: RELIGION IM UMFELD DER THEORIE DES KOMMUNIKATIVEN HANDELNS 67

4.1 Bedeutung der Religion im postmetaphysischen Denken 69
4.1.1 Die Versprachlichung des Sakralen 71
4.1.2 Transzendenz von Innen 77
4.1.3 Modernisierung-Säkularisierungsthese contra
Revitalisierung der Religion 79
4.1.4 Religion als Rest oder die Grenzen postmetaphysischen
Denkens 83
4.2 Die Weltbildfunktionen der Religion 88
4.2.1 Kontingenzbewältigung. 91
4.2.2 Trostfunktion 96
4.3 Bedeutung der Religion für Politik und Staat 102
4.4 Bedeutung der Religion für Kritik und Reflexion 112
4.5 HABERMAS, KANT und die Religion 118

5 IST RELIGION IN DER MODERNE NOTWENDIG? 127

5.1 Notwendigkeit der Religion als Fehlschluss 127
5.2 Begründung und Prüfung der Thesen 128
5.2.1 Religion als zweckdienliche Möglichkeit 129
5.2.2 Religion und ihre Weltbildfunktionen 135
5.2.3 Die Notwendigkeit des Glaubens 137
5.2.4 Die Gleichnatürlichkeit von Glaube und Vernunft 142
5.2.5 Gegenüberstellung mit den Thesen KANTs 146
5.3 Forderungen an den Glauben in der Moderne 153
5.4 Bedeutung der Religion als heuristisches Prinzip 155
5.5 Exkurs: Szientistisch-naturalistische Weltbilder 157

Inhalt

6 FAZIT, AUSBLICK, SCHLUSSWORT 163

    6.1   Fazit 163
    6.2   Ausblick 168
    6.3   Schlusswort 170

LITERATUR 171

PERSONENREGISTER 177

1 Einleitung

*Welche Religion ich bekenne? Keine von allen, die
du mir nennst. Und warum keine? Aus Religion.
Friedrich von Schiller 1796.*

Religionen stehen mit ihren widersprüchlichen und konkurrierenden Wahrheitsansprüchen seit Anbeginn in einem konfliktreichen Verhältnis. Gleichermaßen konfliktreich ist seitdem das Verhältnis von Religion und Politik. Beide Verhältnisse sind durch Machtkämpfe aber auch durch fortdauernde Bemühungen um Frieden geprägt.

Eine frühe philosophische Reflexion auf die politische Funktion der Religion mit dem Ziel der Friedensförderung findet sich bei CUSANUS (1401-1464). In seinem Werk *De pace fidei* strebt er eine Sicherung des Friedens durch den Nachweis an, *dass alle Verschiedenheit der Religionen durch gemeinsame Zustimmung (consensu) aller Menschen einmütig auf eine einzige Religion zurückgeführt*[1] werden kann, denn *vor aller Vielheit ist nämlich die Einheit.*[2] CUSANUS war im Gegensatz zu Jean-Jacques ROUSSEAU (1712-1778) noch davon überzeugt, dass der Frieden durch einen vernünftigen Konsens der Religionen gesichert werden kann, da es aus philosophischen Gründen, also aus Vernunftgründen, nur eine einzige (religiöse) Wahrheit geben kann. Doch der ersehnte Friede wurde nicht erreicht. Die Religion erwies sich weiterhin als Quelle von Differenzen und Unfrieden. Durch den Rekurs auf eine philosophisch zu eruierende Wahrheit, konnte die Religion ihrer gesellschaftlichen und politischen Funktion, Frieden zu stiften und zu erhalten, nicht gerecht werden.
Der Grund hierfür liegt nach Thomas HOBBES (1588-1679) in der Religion selbst. Denn sie kann, aufgrund ihres Affektcharakters, das *Gebot der rechten*

---

[1] NIKOLAUS von Kues: De pace fidei - Der Friede im Glauben, 3. Auflage. Trier, Paulinus, 2003, S. 13.
[2] Ebd., S. 15.

1 Einleitung

Vernunft, den Frieden zu suchen[3], grundsätzlich allein nicht umsetzen. Hierzu ist nach HOBBES ein Gesellschaftsvertrag, ein Staat notwendig, der sich nur am Frieden und nicht an religiösen Wahrheiten orientiert. *Religion ist daher nicht Philosophie, sondern in jedem Staate Gesetz; und darum ist sie nicht zu erörtern, sondern zu erfüllen.*[4] Sie ist folglich allein eine Angelegenheit des Staates. Diesen Gedanken wird ROUSSEAU in seinem contrat social und seinem aufklärerischen Konzept der religion civile aufgreifen und konkretisieren.

Als Folge der Religionskritik der Aufklärung hat sich das Verhältnis von Politik und Religion seit dem 18. Jahrhundert entspannt: das öffentliche Leben wurde modernisiert und säkularisiert, Kirche und Staat getrennt, Wissenschaft und Religion entkoppelt, religiöse Wahrheiten verdrängt und der Glaube individualisiert und privatisiert.[5] Damit wurde die Religion sowohl wissenschaftlich als auch politisch neutralisiert. Es schien nur eine Frage der Zeit, bis sie als Folge von Modernisierung und Säkularisierung vollständig verschwindet. In einem seiner frühen Werke stellt Jürgen HABERMAS (*1929) fest: *Das religiöse Bewußtsein ist in den westlichen Industriestaaten in Auflösung begriffen. Die Religion hat, im Zeichen eines zum ersten Mal deutlicher sich abzeichnenden Massenatheismus, ihre Breitenwirkung und damit ihre ideologischen Funktionen weitgehend eingebüßt.*[6] Mit der Modernisierung waren also offensichtlich erstmals die Bedingungen zur Möglichkeit eines Obsoletwerdens der Religion gegeben. Denn in einem modernen kulturellen Umfeld können die handlungsrelevanten Orientierungsleistungen der Religion allem Anschein nach vollständig durch Vernunft, Wissen-

---
[3] HOBBES Thomas: Vom Menschen - Vom Bürger. Elemente der Philosophie II/III, 3. Auflage. Hamburg, Felix Meiner, 1994, S. 85.
[4] Ebd., S. 44.
[5] Die Privatisierung der Religion erinnert an Johann Christoph Friedrich von Schillers kurzes Gedicht *Mein Glaube: Welche Religion ich bekenne? Keine von allen, die du mir nennst. Und warum keine? Aus Religion.* Z.B. in: http://gutenberg.spiegel.de/schiller/gedichte/Druckversion_glaube.htm. Stand: Juli 2009.
[6] HABERMAS, Jürgen: Zur Rekonstruktion des Historischen Materialismus. Frankfurt am Main, Suhrkamp, 1976, S. 52.

1 Einleitung

schaft und Technik ersetzt werden. Doch dies trat nicht ein. Im Laufe des 20. Jahrhunderts hat die immer abstrakter werdende Wissenschaft ihre Rolle als weltliche Ersatzreligion weitgehend verloren und der Fortschrittsglaube seine lebenspraktische Orientierungsfunktion merklich eingebüßt.

Heute scheint es offenkundig, dass Religion, so Hermann LÜBBE (*1926), *gar keine Anstalten macht, abzusterben*[7]. Begriffe wie Resakralisierung, Ent- und Desäkularisierung sowie Deprivatisation und Revitalisierung der Religion prägen die gegenwärtige Diskussion. Die Religion hat überlebt und erweist sich allem Anschein nach als notwendig für den Menschen und den Staat. Die Trennung von Religion und Politik bzw. auf institutioneller Ebene von Kirche und Staat konnte dem politischen Bereich die religiöse Dimension nicht entziehen. Vor allem die bürgerliche Religion oder Zivilreligion überschreitet ihren staatlich garantierten Freiraum und gewinnt zunehmend an politischer Bedeutung. Dies ist heute in den meisten westlichen Staaten nachweisbar, z.B. deutlich in den USA, zunehmend offenkundig in Deutschland und eher peripher in Frankreich. Die Revitalisierung der Religion äußert sich in einer neuen Verflechtung von Religion und Politik sowie in einer Durchdringung des öffentlichen, politischen Lebens mit religiöser Symbolik. Auch in den Wissenschaften erfährt die Religion eine neue Aufmerksamkeit. Sie ist Gegenstand von Theologie, Religionswissenschaft, Soziologie, Politikwissenschaft, Amerikanistik, Geschichtswissenschaft, Pädagogik, Ethnologie und, last but not least, der Philosophie.

Dieses Buch verfolgt das Ziel, die Bedeutung der Religion in der Moderne philosophisch zu bedenken. Doch was ist die Moderne? Um Missverständnissen vorzubeugen, wird dieser Begriff im Folgenden kurz expliziert und für die Zielsetzung dieses Buches näher bestimmt.

---

[7] LÜBBE, Hermann: Religion nach der Aufklärung, 3. Auflage. München, Wilhelm Fink, 2004a, S. 14.

1 Einleitung

1.1 DER BEGRIFF DER MODERNE

Der Begriff der Moderne ist mehrdeutig. Denn er definiert keine bestimmbare zeitliche Epoche, die an Jahreszahlen festgemacht werden könnte. So gab es in der Menschheitsgeschichte - auch wenn das Schlagwort „Moderne" erst in der zweiten Hälfte des 19. Jahrhunderts geprägt wurde[8] - immer wieder „moderne Zeiten", die sich gegenüber der jeweiligen Vergangenheit durch einen bedeutsamen Wandel und spürbare Veränderungen auszeichneten. Häufig waren Philosophen und ihre Theorien die gedanklichen Wegbereiter in die neue Zeit. Zu diesen „modernen" philosophischen Denkern gehören, um nur einige zu nennen, die Vorsokratiker, die das Ende des Zeitalters des Mythos vorbereiteten, CUSANUS als Brücke zwischen Mittelalter und Renaissance, René DESCARTES (1596-1650) als Vater der Neuzeit und Immanuel KANT (1724-1804), der mit seiner kopernikanischen Wende der Metaphysik sowie seiner Vernunft- und Religionskritik das Zeitalter der Aufklärung einleitete. Auch ROUSSEAU kann mit seinem Konzept der religion civile (Kapitel zwei), das den Weg in ein neues Verständnis der Religion bereitete, in die Reihe moderner Denker eingereiht werden.

Die gegenwärtige Moderne, um die es in diesem Buch ausschließlich geht, wird im Folgenden als die Zeit nach der Aufklärung und den philosophischen Systemen bestimmt, also etwa die Zeit nach Georg Wilhelm Friedrich HEGEL (1770-1831).[9] Es ist somit die Zeit, in die aus philosophischer Sicht u.a. der linguistic turn und der durch Charles Sanders PEIRCE (1839-1914) begründete Pragmatismus fallen, die beide das Denken HABERMAS' und damit sein Konzept der Religion wesentlich geprägt haben.

---

[8] Vgl.: Brockhaus Enzyklopädie, 19. Auflage, Band 14. Mannheim, 1991, S. 709.
[9] Andere mögliche zeitbezogene Bestimmungen des Begriffs der Moderne sind: (1) die Periode, die mit dem Aufbruch des Naturalismus gegen Ende des 19. Jahrhunderts beginnt, (2) die Periode seit dem durch Aufklärung und Revolution hervorgerufenen Umbruch, also etwa ab der zweiten Hälfte des 18. Jahrhunderts oder (3) die gesamte Neuzeit, also ab DESCARTES. Vgl.: Brockhaus Enzyklopädie, 19. Auflage, Band 14. Mannheim, 1991, S. 709.

1.1 Der Begriff der Moderne

LÜBBE begründet als ein essentielles Merkmal der Moderne eine sich *intensivierende Erfahrung wechselseitiger Abhängigkeiten*[10]. Modern zu leben bedeutet folglich, *abhängiger von der Solidität und Verläßlichkeit der Hervorbringungen der Tätigkeit Anderer zu werden - technisch und organisatorisch, informationell und politisch.*[11] In der Moderne gehört, so LÜBBE, *die Einsicht fortdauernder Zugehörigkeit unbekannter Risiken zu unserer individuellen und kollektiven Lebensverbringung. Der kognitive Gehalt dieser Erfahrung ist trivial. Aber er hat zugleich fundamentale Bedeutung, und entsprechend gibt es keine Kultur, in der wir nicht lernten, uns darauf einzustellen. In letzter Instanz ist es stets Religion, die uns auch dazu verhilft.*[12] Hieraus wird bereits deutlich, dass LÜBBE der Religion eine essentielle und nichthintergehbare Bedeutung in der Moderne zuweist. Religion ist auch für den modernen, aufgeklärten Menschen unverzichtbar (Kapitel drei).

HABERMAS begründet eine Moderne, die vor allem dadurch gekennzeichnet ist, dass sie ihre Orientierung nicht mehr im tradierten Erfahrungsraum der Tradition sucht (Kapitel vier). Ob aber jede Modernisierung notwendig mit einer Säkularisierung im Sinne einer *Autonomisierung von Moral und Politik, Wissenschaft und Kultur*[13] einhergeht, ist umstritten und daher zu prüfen (Abs. 4.1.3). *Die Moderne,* so argumentiert HABERMAS, *kann ihre orientierenden Maßstäbe nicht mehr den Vorbildern anderer Epochen entlehnen. Die Moderne sieht sich ausschließlich auf sich gestellt - sie muß ihre Normativität aus sich selber schöpfen.*[14] Dies hat deutliche Konsequenzen für die Bedeutung der Religion. Denn *die Auflösung traditionaler Lebenswelten spiegelt sich andererseits in der Zersetzung religiöser*

---

[10] LÜBBE, Hermann: Die Zivilisationsökumene. Globalisierung kulturell, technisch und politisch. München, Wilhelm Fink, 2005, S. 160.
[11] Ebd.
[12] Ebd., S. 162.
[13] MITTELSTRAß, Jürgen (Hrsg.): Enzyklopädie Philosophie und Wissenschaftstheorie, Band 3. Stuttgart, J. B. Metzler, 2004, S. 577.
[14] HABERMAS, Jürgen: Zeitdiagnosen. Frankfurt am Main, Suhrkamp, 2003, S. 27.

1 Einleitung

Weltbilder.[15] Dies bedeutet: *empirisch ist die Entwicklung zum Massenatheismus kaum noch zu leugnen.*[16] Diese beiden Aussagen implizieren das Obsoletwerden der Religion und stehen folglich im Widerspruch zu LÜBBEs These von der Notwendigkeit der Religion. Sie widersprechen aber scheinbar auch der gegenwärtigen Revitalisierung der Religion. Doch welche Gründe gibt es für diese Widersprüche? Lassen sie sich auflösen? Welche Aussagekraft hat die derzeitige Renaissance der Religion? Brauchen wir als moderne Bürger die Religion oder brauchen wir sie nicht? Es ist das anspruchsvolle Ziel dieses Buches, diese brisanten Fragen zu beantworten oder zumindest eine Antwortskizze zu entwerfen. Doch die soeben aufgeführten Fragen sind nicht die einzigen Fragen, die sich in diesem Zusammenhang stellen (Abs. 1.3). Als Vorbereitung zur Beantwortung dieser Fragen werden im folgenden Abschnitt zunächst vier religionsphilosophische Thesen vorgestellt, die dann in den nachfolgenden Kapiteln - im Rahmen einer kritischen Auseinandersetzung mit der Bedeutung der Religion in der Moderne einerseits und der kritischen Gegenüberstellung der beiden Konzeptionen zur Religion von HABERMAS und LÜBBE andererseits - sukzessive entwickelt und begründet werden.

1.2 VIER THESEN ZUR BEDEUTUNG VON GLAUBE, RELIGION UND WELTBILDERN IN DER MODERNE

In diesem Abschnitt werden vier Thesen skizziert, die untrennbar mit der systematischen Entfaltung der zum Teil konträren religionsphilosophischen Positionen LÜBBEs und HABERMAS' verknüpft sind. Aus diesem Grund werden diese Thesen hier zunächst nur kurz vorgestellt. Ihre Präzisierung und ihre argumentativ stringente Begründung wird dann den weiteren Fortgang dieser Arbeit bestimmen. Der Einbezug der Thesen in die kritische Auseinandersetzung mit den

---

[15] HABERMAS, Jürgen: Nachmetaphysisches Denken. Frankfurt am Main, Suhrkamp, 1988, S. 234.
[16] HABERMAS (1976), a.a.O., S. 107.

1.2 Vier Thesen zur Bedeutung von Glaube, Religion und Weltbildern in der Moderne

Konzepten von LÜBBE (Kapitel drei) und HABERMAS (Kapitel vier) kommt dabei einer ersten Bewährungsprobe der Thesen gleich.

Den vier in diesem Buch zu begründenden Thesen liegt eine Differenzierung der Begriffe Glaube, Religion und Weltbild zugrunde, die notwendig ist, um die Bedeutung der Religion in der Moderne zu bestimmen. Sie dient aber auch dazu, Missverständnisse und Fehlinterpretationen hinsichtlich dieser vier Thesen möglichst zu vermeiden. Auch diese Differenzierung soll hier zunächst nur skizziert werden. Ihre Rechtfertigung wird sich dann unmittelbar aus der in den folgenden Kapiteln geführten Diskussion erschließen. Die nachfolgenden Bestimmungen der komplexen Begriffe Glaube, Religion und Weltbild orientieren sich in ihrer Knappheit allein an dem hier dargelegten Zweck und erheben nicht den Anspruch auf lexikalische Vollständigkeit oder begriffsanalytische Exaktheit.

Weltbilder oder **Weltanschauungen** beschreiben die Welt und das Dasein des Menschen als ein geordnetes Ganzes. Sie vermitteln eine „anschauliche" Gesamtansicht von der Welt und der Stellung des Menschen in ihr. Der Begriff des Weltbildes kann daher im weitesten Sinne synonym mit dem Begriff der Welt-"Anschauung" verwendet werden.[17] Er ist folglich mehr als nur ein abstraktes theoretisches Konstrukt und mehr als nur ein theoretisches Modell oder eine theoretische Vorstellung vom Aufbau der Welt. *Eine Weltanschauung umfaßt nicht allein eine theoretische Erkenntnis der Welt im ganzen (Weltbild), sondern begründet zugleich eine (Be)Wertung, damit eine Handlungsorientierung und Umsetzung von Überzeugungen in die Realität.*[18] Weltanschauungen entfalten also eine praktische Wirksamkeit oder praktische Konsequenz. Aufgrund der Relativi-

---

[17] Vgl.: Wörterbuch der philosophischen Grundbegriffe. Hamburg, Felix Meiner, 1998, S. 727 und Brockhaus Enzyklopädie, 19. Auflage, Band 24. Mannheim, 1991, S. 21. Beide Werke differenzieren zwischen den Begriffen Weltbild und Weltanschauung, verweisen aber auch auf ihre zumeist synonyme Verwendung.
[18] MITTELSTRAß, a.a.O., 652.

1 Einleitung

tät und zufälligen Partikularität ihrer Geltung, dürfen weltanschauliche Positionen und Überzeugungen in Fragen der Handlungsorientierung nicht das letzte Wort haben. Weltbilder und weltanschauliche Positionen stehen, da sie auf unterschiedlichen und widersprüchlichen Wahrheitsansprüchen oder Vorstellungen gründen, untereinander in Konkurrenz. In modernen, pluralistischen Gesellschaften konkurrieren aber nicht nur religiöse Weltbilder, die offenbart oder historisch bedingt sind, sondern Weltbilder unterschiedlichster Art. Dazu gehören mystische, kosmologische, metaphysische, ideologische sowie szientistisch-naturalistische Weltdeutungen. Sie alle basieren auf Vorstellungen, Überzeugungen oder Spekulationen von Individuen oder Gruppen. Sie sind kulturell bedingt und wandeln sich im Lauf der Geschichte. Weltanschauliche Positionen sind ergo partikulär, zufällig, divergent und von eingeschränkter Geltung. Sie sind folglich nicht verallgemeinerbar und damit hinsichtlich ihrer Relevanzansprüche nicht jedermann zumutbar.

Aus dieser Bestimmung des Begriffs des Weltbildes folgt: **Religion** ist ein Weltbild.[19] Dieser Gleichsetzung von Religion und Weltbild stimmt auch HABERMAS zu. Denn er bestimmt den Begriff der Religion in ähnlicher Weise: *Jede Religion ist ursprünglich »Weltbild« oder »comprehensive doctrine«*[20] *auch in dem Sinne, dass sie die Autorität beansprucht, eine Lebensform im Ganzen zu strukturieren.*[21] Weltbilder oder Weltanschauungen haben - unabhängig davon, ob sie religiös oder nichtreligiös fundiert sind - die Eigenschaft, *die soziokulturelle*

---

[19] In dieser Arbeit wird, sofern nicht anderes vermerkt, der Begriff der Religion stets im Plural interpretiert. Dies bedeutet, dass er die verschiedenen christlichen Konfessionen ebenso umfasst wie alle anderen Weltreligionen.

[20] Der Begriff *comprehensive doctrine* (umfassende Lehre) stammt von John RAWLS, den HABERMAS in seinen Werken immer wieder rezipiert. *Umfassende Lehren aller Art [...] gehören zu dem, was wir die »Hintergrundkultur« einer Zivilisationsgesellschaft nennen können.* In: RAWLS, John: Politischer Liberalismus. Frankfurt am Main, Suhrkamp, 1998, S. 79.

[21] HABERMAS, Jürgen: Zwischen Naturalismus und Religion. Frankfurt am Main, Suhrkamp, 2005c, S. 319.

1.2 Vier Thesen zur Bedeutung von Glaube, Religion und Weltbildern in der Moderne

Lebenswelt auf eine Hinterwelt zu beziehen. Die Welt hinter der sichtbaren Welt des Diesseits und der Erscheinungen repräsentiert eine fundamentale Ordnung.[22] Diese fixe Ordnung stiftet Lebenssinn, vermittelt Handlungsorientierung und erspart damit scheinbar die Reflexion. Denn man erfährt aus autoritativen Quellen, was zu tun geboten ist und was nicht. Doch dieser Schein trügt. Denn in der aufgeklärten Moderne unterliegt auch der religiös oder weltanschaulich gebundene Mensch der Forderung nach Selbstkritik und Reflexion (Abs. 4.4 und 5.3). Dies bedeutet, dass in der Moderne notwendig ein Reflexionsbedarf besteht und zwar unabhängig davon, ob die Religion nun eines Tages obsolet wird (eine Möglichkeit, die HABERMAS für denkbar hält) oder eine zunehmende Revitalisierung erfährt (eine Möglichkeit, die LÜBBE begründet). Da weltanschauliche Positionen auf Spekulationen, Vorstellungen, subjektiven Erfahrungen oder historischen Offenbarungen gründen, genügen sie keinen wissenschaftlichen Maßstäben. Sie können ergo, falls überhaupt, nur bedingt und partiell geprüft werden. Alle Weltbilder, religiöse wie profane, sind folglich auf den Glauben im Sinne eines Fürwahrhaltens angewiesen. Sie sind glaubensabhängig.

Der **Glaube** ist infolgedessen das subjektive Fürwahrhalten[23] eines Weltbildes oder einer Weltanschauung. Da es auch nichtreligiöse Weltbilder gibt, können dieser Begriffsbestimmung zufolge auch Atheisten einen Glauben haben. Atheisten unterscheiden sich nämlich von religiösen Gläubigen nur dadurch, dass sie nicht an Gott glauben und damit ihr Leben ohne Rekurs auf einen Gott (a theos: ohne Gott) gestalten. Dies bedeutet, die Begriffe Religion und Glaube sind deutlich voneinander zu trennen.

---

[22] HABERMAS, Jürgen: Theorie des kommunikativen Handelns, Band 2, 4. Auflage. Frankfurt am Main, Suhrkamp, 1987b, S. 281.

[23] Vgl.: KANT: *Meinen ist ein mit Bewusstsein sowohl subjektiv, als objektiv unzureichendes Fürwahrhalten. Ist das letztere nur subjektiv zureichend und wird zugleich für objektiv unzureichend gehalten, so heißt es Glauben. Endlich heißt das sowohl subjektiv als objektiv zureichende Fürwahrhalten das Wissen.* In: KANT, Immanuel: Kritik der reinen Vernunft. Hamburg, Felix Meiner, 1993a, S. 741.

1 Einleitung

Aufbauend auf diesen drei skizzierten Begriffsexplikationen können nunmehr vier Thesen zur Bedeutung von Religion, Glaube und Weltbildern in der Moderne formuliert und der Weg ihrer Begründung skizziert werden, der in den nachfolgenden Kapiteln im Rahmen der kritischen Auseinandersetzung mit den Religionskonzeptionen von ROUSSEAU, LÜBBE und HABERMAS die Richtung der Untersuchung bestimmen wird.

Erste These (Nichtnotwendigkeitsthese): Religion ist nicht notwendig, aber möglich.

Zum Nachweis dieser These ist erstens zu zeigen, dass es Lebenswelten gibt, in denen Religion aufgrund von adäquaten Alternativen keine Rolle spielt. Denn sobald es Alternativen gibt, ist Religion nicht notwendig. Zweitens ist zu begründen, dass Religion, trotz ihrer Nichtnotwendigkeit, das Potential hat, menschliches Leben zu orientieren oder Entscheidungs- und Handlungshilfen zu geben. Dies bedeutet, es ist die Möglichkeit von Religion auszuweisen.

Zweite These (Weltbildfunktionsthese): Die Bedeutung der Religion in der Moderne gründet auf ihren inhärenten Weltbildfunktionen.

Nachdem die erste These bereits die Möglichkeit zur Religion behauptet, sind zum Nachweis dieser These, erstens die möglichen Funktionen der Religion aufzuzeigen und zweitens zu begründen, dass diese Funktionen prinzipiell auch durch alternative Weltbilder erbracht werden können.
Die Religion hat zweifelsfrei die innere Kraft, Entscheidungs- und Handlungsorientierung zu geben, Sinn zu stiften, Kontingenzen zu bewältigen, Trost zu spenden, Moral zu fördern, Identität zu stiften und vieles mehr. In diesen Funktionen entfaltet die Religion ihre praktische Relevanz. Doch diese Funktionen sind keine exklusiv religiösen Funktionen, wie LÜBBE es annimmt. Die Religion steht

1.2 Vier Thesen zur Bedeutung von Glaube, Religion und Weltbildern in der Moderne

als religiöse Weltanschauung in Konkurrenz zu nichtreligiösen Weltbildern, die ebenfalls die Kraft haben oder auch nur beanspruchen, diese funktionalen Aufgaben zu leisten. Die allen Weltbildern inhärenten Funktionen werden im Folgenden unter dem Begriff der Weltbildfunktion subsumiert.[24]

Dritte These (Glaubens-Notwendigkeitsthese): Der Glaube ist notwendig.

Zur Begründung dieser These ist nachzuweisen, dass der Mensch auf den Glauben an Weltbilder oder Weltanschauungen, seien sie religiös oder nichtreligiös, angewiesen ist. Der Nachweis geht von den folgenden drei Prämissen aus:

(1) Es gibt Kontingenzen,
(2) Kontingenzbewältigung ist notwendig und
(3) es gibt Kontingenzen und Lebenssituationen, deren Bewältigung durch die Vernunft, aufgrund ihrer natürlichen, also angeborenen Endlichkeit, nicht allein geleistet werden kann.[25]

Vierte These (Gleichnatürlichkeitsthese): Glaube und Vernunft sind gleichnatürliche Wesensmerkmale des Menschseins.

---

[24] Der Begriff der Weltbildfunktion wurde von HABERMAS übernommen, den er allerdings in seinen Werken, meines Wissens, nur ein einziges Mal verwendet. In: HABERMAS (1988), a.a.O., S. 60.

[25] Die erste Prämisse ist zweifelsfrei richtig, denn jedes Leben ist notwendig von unvorhersehbaren Zufälligkeiten geprägt. Aber auch in einer vollständig determinierten Welt, in der z.B. nach SPINOZA gilt: *In der Natur der Dinge gibt es nichts Zufälliges (in rerum natura nullum datur contingens)*, wäre diese Prämisse noch gültig. Denn die Dinge der Natur würden uns dann zumindest noch als zufällig erscheinen, weil unsere bloß endliche Erkenntniskraft nicht in der Lage ist, die notwendige Kausalkette der Ursachen in ihrer unendlichen Gesamtheit zu durchschauen. Das SPINOZA-Zitat ist aus: SPINOZA, Benedictus de: Ethica Ordine Geometrico demonstrata. Stuttgart, Reclam, 1977, S. 72f.
Die zweite Prämisse geht von einem natürlichen Selbsterhaltungstrieb des Menschen aus. Für Menschen, die nicht am Leben hängen, gilt diese Prämisse nicht. Zur dritten Prämisse siehe Kapitel vier und fünf.

1 Einleitung

Der Nachweis dieser These wird erbracht, indem gezeigt wird, dass aufgrund der Endlichkeit der menschlichen Vernunft und des menschlichen Wissens notwendig eine Leerstelle oder eine Lücke des Nichtwissens in theoretischer und praktischer Hinsicht gegeben ist, die der Mensch durch Spekulationen, Vorstellungen und Bilder füllt. Mit diesen Vorstellungen ergänzt er seine bloß partikuläre und begrenzte Erkenntnis der theoretischen und praktischen Vernunft zu einem Gesamtbild der Welt, also zu einem Weltbild.

Alternativ kann er aber auch auf ein offenbartes Weltbild zurückgreifen. Wie auch immer das Weltbild aber fundiert sein mag, es kann keine objektive, allgemeine Gültigkeit beanspruchen. Es ist auf ein bloß subjektives Fürwahrhalten, also auf den Glauben angewiesen. Mit der natürlichen Endlichkeit der theoretischen und praktischen Vernunft und dem angeborenen Streben des Menschen diese Endlichkeit zu überwinden, ist also zugleich der Glaube gegeben, da alles, was das menschliche Vernunftvermögen übersteigt, stets nur geglaubt aber nicht gewusst werden kann. Vernunft und Glaube sind folglich gleichnatürliche, d.h. angeborene Wesensmerkmale des Menschen.

Unter dem Begriff „natürlich" (naturalis, physikos = naturgemäß, zur Natur gehörig) wird hier folglich eine Eigenschaft verstanden, die im Wesen eines Dinges begründet ist. Die beiden Begriffe natürliche Vernunft und natürlicher Glaube bedeuten folglich, dass der Mensch - von seiner Natur her - schon immer einerseits seiner Vernunft gefolgt ist und andererseits sich zum Glauben an religiöse wie auch nichtreligiöse Weltdeutungen gewandt hat. Vernunft und Glaube gehören folglich als anthropologische Universalien oder anthropologische Konstanten zur Naturanlage eines jedes Menschen. Sie sind Teil der conditio humana.

Mit der These der Gleichnatürlichkeit von endlicher Vernunft und Glaube gewinnt das Verhältnis von ratio et fides und folglich das Verhältnis von Philosophie und Religion neuen Reflexionsbedarf. Auch HABERMAS nimmt in seinen jüngsten Publikationen *das alte Thema »Glauben und Wissen« wieder auf*[26] und rückt es damit erneut in den Vordergrund aktueller religionsphilosophischer Reflexion.

Die Begründung der vier skizzierten Thesen gehört zu den Aufgaben dieses Buches. Sie ist aber nicht die einzige und auch nicht die erstrangige Aufgabe. Die folgende Zielsetzung zeigt, wie die vorgestellten vier Thesen in diesem Buch verortet sind und welches die Schwerpunkte, Unterpunkte und genuinen Aspekte der in diesem Buch vorgestellten religionsphilosophischen Arbeit sind.

1.3 ZIELSETZUNG

Die zentrale in diesem Buch zu leistende Aufgabe, die auch den Titel des Buches bestimmt, besteht in der kritischen Auseinandersetzung mit den Konzeptionen zur Religion von LÜBBE (Kapitel drei) und HABERMAS (Kapitel vier) aus philosophischer Perspektive. Dabei wird sich zeigen, dass ihre Positionen mehr Unterschiede als Gemeinsamkeiten aufweisen. Die Unterschiede zeigen sich vor allem in der Beantwortung der Frage nach der Notwendigkeit der Religion, in der Beurteilung des Verhältnisses von Modernisierung und Säkularisierung sowie in der Bestimmung der Bedeutung und Funktion der Religion für den aufgeklärten Menschen und den demokratischen Staat. Da im Vergleich zum Konzept von LÜBBE die entsprechenden Überlegungen von HABERMAS nicht nur umfangreicher, sondern auch anspruchsvoller und facettenreicher sind, wird die Entfaltung und Kritik seines Konzeptes gebotenermaßen mehr Raum in diesem Buch einnehmen. Sowohl LÜBBEs als auch HABERMAS' Konzept der Religion in der Moderne werden durch ROUSSEAU vorbereitet. Denn ROUSSEAU

---

[26] HABERMAS, Jürgen: Glauben und Wissen. Frankfurt am Main, Suhrkamp, 2001b, S. 12. Und in: ders.: Zeitdiagnosen. Frankfurt am Main, Suhrkamp, 2003, S. 249ff.

1 Einleitung

präjudiziert mit seinen Begriffen der religion civile und der religiösen Toleranz bereits wesentliche Momente moderner Konzeptionen zur Bedeutung der Religion für Mensch, Politik und Staat. Das Buch beginnt daher mit einer kurzen Explikation seiner Überlegungen zur Religion (Kapitel zwei). Insgesamt wird also in diesem zentralen Teil des Buches das Ziel verfolgt, erstens die religionsphilosophischen Konzepte von ROUSSEAU, LÜBBE und HABERMAS kritischprüfend zu hinterfragen und miteinander zu konfrontieren, zweitens ihren sachlichen, systematischen Zusammenhang herzustellen, drittens gemeinsame und gegensätzliche Positionen darzulegen, viertens Widersprüche aufzudecken und fünftens die Grenzen ihrer Theorien auszuweisen.

Die Auseinandersetzung mit ROUSSEAU, LÜBBE und HABERMAS dient aber nicht nur diesem vorrangigen und zentralen Ziel des Buches, sondern - nach- bzw. untergeordnet - auch dem Vorhaben, die oben bereits vorgestellten Thesen zur Bedeutung der Religion und des Glaubens in der Moderne zu entwickeln, zu begründen und mit den Theorien von LÜBBE und HABERMAS zu kontrastieren (Kapitel fünf). Diese Thesen erheben nicht den Anspruch, ein geschlossenes und lückenloses System der Bedeutung der Religion und des Glaubens in der Moderne zu begründen, sondern propädeutisch eine Antwort auf elementare Fragen zu geben.

Insgesamt werden im Rahmen dieses Buches die folgenden Fragen diskutiert und beantwortet:

❑ Ist Religion in der Moderne notwendig? Brauchen wir als moderne, aufgeklärte Bürger Religion?

❑ Welche Bedeutung, Funktion und Wirkung hat die Religion in der Moderne für den Menschen und den Staat? Worin gründet ggf. ihre Relevanz?

1.3 Zielsetzung

❏ Gibt es Alternativen zur Religion?

❏ Welche Forderungen sind an den Glauben in der Moderne zu richten?

❏ Ist der Glaube anthropologisch verankert, d.h. ist er ein natürliches, angeborenes Wesensmerkmal des Menschseins? Wie kommt der Mensch zum Glauben?

❏ Können Glaube oder Religion obsolet werden?

❏ In welchem Verhältnis stehen Glaube und Vernunft (Glaube und Wissen)? In welchem Verhältnis stehen Religion und Philosophie?

❏ Welche Aussagekraft hat die (scheinbare) gegenwärtige Revitalisierung der Religion?

❏ In welchem Verhältnis stehen die Modernisierung-Säkularisierungsthese und die Revitalisierung der Religion?

In diesem Buch werden HABERMAS' Überlegungen zur Religion, ausgehend von seinen Frühwerken bis hin zu seinen jüngsten Werken, systematisch und kritisch aus philosophischer Perspektive entfaltet und mit LÜBBEs Konzeption zur Religion kontrastiert. Eine geschlossene Rezeption seines Religionskonzeptes, die sowohl seine Früh- als auch seine Spätwerke gleichermaßen berücksichtigt, gibt es, so Eduardo MENDIETA, bislang nur aus theologischer, nicht jedoch aus philosophischer Perspektive. *While the reception of Habermas by theologians and sociologists of religion continues to gain momentum, his reception by philosophers as a philosopher of religion remains incipient.*[27] Aus philosophischer Sicht

---
[27] MENDIETA, Eduardo: Vorwort zu: HABERMAS, Jürgen: Religion and Rationality. Essays on Reason, God, and Modernity. Cambridge, MIT Press, 2002b, S. 11.

hat daher dieses Buch das Potential zu Neuem. Ob es gelungen ist, dieses Neue in den folgenden Kapiteln klar und philosophisch korrekt darzulegen, möge der Leser beurteilen.

2 ROUSSEAU: DAS KONZEPT DER RELIGION CIVILE

> *[D]as Vaterland des Christen ist nicht von dieser Welt.*
> Jean-Jacques Rousseau 1762.

Der Begriff der Zivilreligion, der gegenwärtig erneut an Bedeutung für Mensch, Politik und Staat gewinnt, geht auf Jean-Jacques ROUSSEAU zurück, der im achten Kapitel *De la Religion Civile* des vierten Buches seiner Abhandlung *Du Contrat Social ou Principes du Droit Politique* über das Konzept der religion civile aus staatsphilosophischer Sicht reflektiert.[1] Mit diesem Werk bereitet er die modernen Konzeptionen der Bedeutung der Religion vor, wie sie beispielsweise durch LÜBBE (Kapitel drei) und HABERMAS (Kapitel vier) vertreten werden.

2.1 DIE MORALISCHE UND POLITISCHE BEDEUTUNG DER RELIGION

ROUSSEAUs Ziel ist eine nachhaltige Sicherung des Friedens, den er nur in einem autonomen und damit starken Staat, der fremden Zwecken nicht mehr zugänglich ist, gewährleistet sieht. Hierzu gehört die Befreiung des Staates von kirchlichen Ansprüchen auf politische Macht und Mitregierung. Diese waren, verbunden mit interkonfessionellen Streitigkeiten, gerade im 16. und 17. Jahrhundert Anlass für zahlreiche Religionskriege.

In einem Staat (l'État), so argumentiert ROUSSEAU, sind die *politische Einheit*[2] (l'unité politique) und die *soziale Einheit*[3] (l'unité sociale) notwendige Bedingungen für den Bürgerfrieden. Denn ohne sie sind *weder ein Staat noch eine Regie-*

---
[1] ROUSSEAUs Begriff der Zivilreligion wird im Folgenden stets in seiner französischen Benennung religion civile verwendet um ihn vom heutigen Begriff der Zivilreligion zu trennen, der zwar in ROUSSEAUs religion civile seinen Ursprung hat, aber sich inhaltlich von diesem, wie zu zeigen ist, unterscheidet.
[2] ROUSSEAU, Jean-Jacques: Vom Gesellschaftsvertrag oder Grundsätze des Staatsrechts. Stuttgart, Reclam, 2003, S. 145.
[3] Ebd., S. 146.

2 ROUSSEAU: Das Konzept der Religion Civile

rung jemals gut verfaßt.[4] Sie sind gefährdet, wenn es im Staat *zwei Gewalten, zwei Souveräne*[5] gibt, z.B. einen religiösen und einen politischen. Besonders groß ist nach ROUSSEAU diese Gefahr im realen römischen Christentum, aber auch im Ideal des Evangeliums. Beide sind aus verschiedenen Gründen nicht fähig, dem Staat den inneren Frieden zu geben. Denn das Erste führt unweigerlich zu Machtkämpfen, da es neben die weltliche Regierung eine kirchliche Macht setzt, wodurch *eine Art gemischtes und mit der Gesellschaft unverträgliches Recht*[6] entsteht. Es ist also eine *Religion, die die Menschen dadurch, dass sie ihnen zwei Gesetzgebungen, zwei Häupter und zwei Vaterländer gibt, widersprüchlichen Pflichten unterwirft und sie daran hindert, gleichzeitig fromm und Staatsbürger sein zu können.*[7]

Für das Zweite *wäre es nötig, dass alle Bürger ohne Ausnahme gleicherweise gute Christen wären*[8], was aber in realen Gesellschaften niemals zutrifft. Denn das Christentum des Evangeliums *ist eine ganz und gar geistige Religion, einzig mit den himmlischen Dingen beschäftigt: das Vaterland des Christen ist nicht von dieser Welt.*[9] Es ist also nicht das irdische Vaterland, die civitas terrena, sondern die civitas dei, die nach dem Kirchenlehrer Aurelius AUGUSTINUS (354-430) als himmlische Gottesstadt (civitas caelestis) das eschatologische (endzeitliche) Ideal repräsentiert.[10] Aus alledem folgt nun aber nicht, dass Religion grundsätzlich unverträglich mit den Erfordernissen eines Staates und seiner Politik ist. Denn es ist *für den Staat sehr wohl wichtig, daß jeder Bürger eine Religion hat, die ihn seine Pflichten lieben heißt.*[11] Aber, so schränkt ROUSSEAU gleich darauffolgend

---

[4] Ebd., S. 145.
[5] Ebd., S. 144.
[6] Ebd., S. 146.
[7] Ebd.
[8] Ebd., S. 148.
[9] Ebd.
[10] Siehe: AUGUSTINUS, Aurelius: Vom Gottesstaat - De civitate dei. 4. Auflage. München, dtv, 1997, S. 3ff, 210f, 212ff, 418ff.
[11] ROUSSEAU, a.a.O., S. 150.

2.1 Die moralische und politische Bedeutung der Religion

ein, für den Staat sind die Dogmen der Religion nur insofern bedeutsam, *als sie sich auf die Moral beziehen und auf die Pflichten.*[12] Denn jede Gesellschaft ist auf Moral, Erfüllung der Bürgerpflichten, Gehorsam gegenüber dem Gesetz und tugendhaften Lebenswandel angewiesen.

Um die staatlich notwendige Moralität abzusichern, ist Religion, die vor allem über die Furcht vor Strafen im diesseitigen oder jenseitigen Leben die Bürgermoral festigt, ein politisch nützliches Werkzeug. ROUSSEAU argumentiert hier bereits ganz im Sinne der Aufklärung KANTs, der im Kirchenglauben nur ein *Vehikel und Mittel*[13] für den Vernunftglauben sieht und Religion als *Erkenntnis aller unserer Pflichten als göttlicher Gebote*[14] gänzlich auf Moral reduziert. Durch diese Reduktion werden widersprüchliche religiöse Wahrheitsansprüche marginalisiert, neutralisiert und entpolitisiert, weil moralische Sätze als Sollenssätze prinzipiell weder wahr noch falsch sind. Damit sind sie, so LÜBBE, *maximal dogmenstreitfrei*[15], was den Religions- und Konfessionsfrieden fördert. Ein auf Vernunft gegründetes aufgeklärtes Staatswesen braucht daher Religion als autoritative Stützung der Sittengesetze. Auch heute gelten Kirchen und Religionsgemeinschaften, wenn auch nur noch eingeschränkt, immer noch als Vermittler unverzichtbarer moralischer Orientierung. Sie werden also zum Zwecke der Sicherung und Förderung der Bürgermoral instrumentalisiert. Damit stehen sie im Dienst des Staates, der darauf angewiesen ist, dass die Menschen *gute Bürger* [bons citoyens] *sind*[16]. Sie haben folglich sowohl eine moralische als auch eine politische Bedeutung.

---

[12] Ebd.
[13] KANT, Immanuel: Die Religion innerhalb der Grenzen der bloßen Vernunft. Stuttgart, Reclam, 2004, z.B. S. 138. Siehe auch: ders.: a.a.O., S 139, 143, 150, 162; ders.: Der Streit der Fakultäten. Hamburg, Felix Meiner, 2005, S. 38f, 46, 48f, 53, 56, 58f, 73f.
[14] Ebd., S. 201.
[15] LÜBBE (2004a), a.a.O., S. 87.
[16] ROUSSEAU, a.a.O., S. 151.

2 ROUSSEAU: Das Konzept der Religion Civile

2.2 RELIGION CIVILE ALS VERBINDLICHE MINIMALRELIGION

ROUSSEAU vertraut bei der Stützung individueller und gesellschaftlicher Moral nicht allein den kirchlich verfassten Religionen. Denn Religionen, die wie das Christentum regional und konfessionell zersplittert sind, können niemals den gesellschaftlichen Konsens begründen, der für das Funktionieren eines Staates unabdingbar ist. Daher konzipiert ROUSSEAU in friedensstiftender Absicht ein für alle Menschen verbindliches *rein bürgerliches Glaubensbekenntnis* [une profession de foi purement civile], *dessen Artikel festzusetzen dem Souverän zukommt, nicht regelrecht als Dogmen einer Religion, sondern als Gesinnung des Miteinander.*[17] Diese verordnete religion civile, deren Geltung allein der Staat und nicht die Kirche sichert, ermöglicht jedem Menschen *ein guter Bürger und ein treuer Untertan zu sein.*[18] Um dies dauerhaft zu garantieren, werden alle Bürger unter Strafandrohung verpflichtet, sich zur religion civile als ein religiöses Allgemeines zu bekennen. Hieraus wird ersichtlich, dass ROUSSEAUs contrat social die Aufklärung noch nicht im vollen Sinne umsetzt. Denn ein aufgeklärter Gesellschaftsvertrag würde die bürgerliche Moral keinesfalls heteronom über eine verpflichtende religiöse Bekenntnisprämisse konstituieren, sondern über die autonome selbstgesetzgebende Vernunft. Dies bedeutet, ROUSSEAUs contrat social enthält noch nicht das Moment der Autonomie, das für aufgeklärte moralische Handlungen konstitutiv ist. Denn Handlungen genügen nur dann dem Anspruch auf Moralität, wenn sie frei (autonom) aus eigener Einsicht heraus und basierend auf eigenen vernünftigen Überlegungen erfolgen und nicht fremdbestimmt sind. Unfreie, fremdbestimmte Handlungen und moralische Handlungen stehen folglich im Gegensatz zueinander. Der religion civile ist dieser Widerspruch inhärent, denn sie versucht über eine Bekenntnispflicht den Bürger zum moralischen Handeln zu zwingen. Dies kann, so begründet KANT, nicht gelingen,

---
[17] Ebd.
[18] Ebd.

2.2 Religion Civile als verbindliche Minimalreligion

weil, was nicht aus ihm [dem Bürger] *selbst und seiner Freiheit entspringt, keinen Ersatz für den Mangel seiner Moralität abgibt. - Sie bedarf also zum Behuf ihrer selbst (sowohl objektiv, was das Wollen, als subjektiv, was das Können betrifft) keinesweges der Religion, sondern, vermöge der reinen praktischen Vernunft, ist sie sich selbst genug.*[19] Der Unterschied zwischen KANT, der Moral allein auf der Vernunft gründet, und ROUSSEAU, der die Moral mittels der religion civile erzwingen möchte, wird hier besonders deutlich. Erstere ist für jedermann rational nachvollziehbar und damit zumutbar, während letztere bloß zufällig und willkürlich ist und folglich keine begründbare Allgemeingültigkeit beanspruchen kann. Zudem belässt die religiöse Absicherung der Moral den Bürger in seiner nach KANT *selbstverschuldeten Unmündigkeit*[20], anstatt seinen Mut und Entschluss zum Gebrauch seiner eigenen Vernunft, im Sinne des aufklärerischen sapere aude, zu fördern.

Eine Übereinstimmung zwischen KANT und ROUSSEAU gibt es dagegen in der Überzeugung, dass *Religion ein höchstwichtiges Staatsbedürfnis ist.*[21] Denn, so behauptet KANT: *Was den Staat in Religionsdingen allein interessieren darf, ist: wozu die Lehrer derselben anzuhalten sind, damit er nützliche Bürger, gute Soldaten, und überhaupt getreue Untertanen habe.*[22] Dies bedeutet, dass die Religion vor allem als *Stiftungs- und Leitungsmittel der bürgerlichen Ordnung und Ruhe*[23] fungiert. Auch LÜBBE folgt, wenn auch mit Einschränkungen, dieser Argumentation und weist der zivilen oder bürgerlichen Religion umfangreiche politische Funktionen zu (Kapitel drei), wohingegen HABERMAS die strikte Trennung von Staat und Religion begründet (Kapitel vier).

---

[19] KANT (2004), a.a.O., S. 3.
[20] KANT, Immanuel: Was ist Aufklärung? Hamburg, Felix Meiner, 1999, S. 20.
[21] KANT, Immanuel: Der Streit der Fakultäten. Hamburg, Felix Meiner, 2005, S. 12.
[22] Ebd., S. 68 (Fußnote 13).
[23] Ebd., S. 74.

2 ROUSSEAU: Das Konzept der Religion Civile

ROUSSEAUs religion civile ist ähnlich einer Offenbarungsreligion dogmatisch fundiert. Um die beabsichtigten Wirkungen der religion civile, wie die Stützung der bürgerlichen Moral, bleibend zu gewährleisten, knüpft ROUSSEAU ihre Dogmen an strenge Forderungen. *Die Dogmen der bürgerlichen Religion müssen einfach, gering an Zahl und klar ausgedrückt sein.*[24] ROUSSEAUs religion civile ist damit eine minimale Religion oder, in den Worten LÜBBEs, ein *Bekenntnisrest*[25]. Als positive Dogmen nennt sie nur die *Existenz der allmächtigen, allwissenden, wohltätigen, vorhersehenden und sorgenden Gottheit, das zukünftige Leben, das Glück der Gerechten und die Bestrafung der Bösen sowie die Heiligkeit des Gesellschaftsvertrags und der Gesetze.*[26] Hinzu kommt das Toleranzgebot (Abs. 2.3).

Mit diesen wenigen verbindlichen und prinzipiell konsensfähigen Grundsätzen gibt ROUSSEAU dem Staat die erstrebte Ordnung und Einheit. Damit hat die religion civile eine klare politische Bedeutung. Sie ist als dogmatische und funktionalistische Staatsreligion eine für alle verbindliche und alle verbindende Gemeinsamkeit. Die religion civile ist nicht naturgegeben, sondern eine vom Souverän gesetzte, also positive Religion. Naturgegebene Religionen, hierzu gehört nach ROUSSEAU das Christentum, müssen sich dem Gesellschaftsvertrag und folglich der, in diesem Vertrag verankerten, religion civile unterordnen. Damit gründet die gesetzgebende Macht nicht länger auf kirchlich-religiösen Wahrheiten, sondern liegt, wie von ROUSSEAU angestrebt, allein beim vertraglich legitimierten profanen Souverän: auctoritas, non veritas facit legem.

ROUSSEAUs Konzept zur bürgerlichen Minimalreligion ist nicht neu. So entwickelte bereits Thomas MORUS (1478-1535) Gedanken zu einer minimalen Zivilreligion, auch wenn er sie noch nicht so nennt und auch nicht im Rahmen eines Gesellschaftsvertrages begründet. MORUS expliziert seine Minimalreligion im

---

[24] ROUSSEAU, a.a.O., S. 151.
[25] LÜBBE (2004), a.a.O., S. 82.
[26] ROUSSEAU, a.a.O., S. 151.

2.3 Das Toleranzgebot der Religion Civile

Rahmen einer Schilderung des fiktiven, idealen Staates *Utopia* (topia: Ort; utopia: Ort, der nicht existiert) und seiner Gesellschaft, in der Religionspluralismus herrscht und in der soziale Gerechtigkeit sowie maximaler Wohlstand und Glück für möglichst viele angestrebt wird. Die Minimalreligion der Bürger des Landes Utopia ist nach MORUS eine *Religion, die alle anderen an Vernünftigkeit [...] übertrifft*.[27] Ebenso wie ROUSSEAU, setzt bereits auch MORUS die bürgerliche Minimalreligion nicht mit dem Christentum gleich.

Im Anschluss an MORUS wird das Konzept der minimalen Zivilreligion vor allem durch den englischen Empirismus, insbesondere durch John LOCKE (1632-1704), weiterentwickelt, bevor es ROUSSEAU modifiziert und in seinen contrat social implementiert.

2.3 DAS TOLERANZGEBOT DER RELIGION CIVILE

Als einziges negatives Dogma nennt ROUSSEAU die *Intoleranz*[28] (l'intolérance). Demzufolge *mag jeder Anschauungen hegen, wie es ihm gefällt*[29], aber muss *alle jene tolerieren, die ihrerseits die anderen tolerieren, sofern ihre Dogmen nicht gegen die Pflichten des Bürgers verstoßen.*[30] Mit dieser Konzeption erweist sich ROUSSEAU zweifelsfrei als Wegbereiter eines modernen Toleranzverständnisses. So bestimmt beispielsweise HABERMAS die *religiöse Toleranz als Schrittmacher für einen richtig verstandenen Multikulturalismus.*[31] In modernen Gesellschaften ist allerdings die religiöse Toleranz, die *als das Urbild der Toleranz überhaupt gilt [...], zur Toleranz gegenüber Andersdenkenden überhaupt*

---

[27] MORUS, Thomas. Utopia. Stuttgart, Reclam, 2003, S. 128.
[28] ROUSSEAU, a.a.O., S. 151.
[29] Ebd., S. 150f.
[30] Ebd., S. 152.
[31] HABERMAS (2005c), a.a.O., S. 263f.

2 ROUSSEAU: Das Konzept der Religion Civile

verallgemeinert worden.[32] Von modernen Bürgern wird folglich nicht nur eine religiöse Toleranz, sondern auch eine Toleranz gegenüber vernünftigen nichtreligiösen Weltanschauungen erwartet. Denn *Toleranz bewahrt eine pluralistische Gesellschaft davor, als politisches Gemeinwesen durch weltanschauliche Konflikte zerrissen zu werden.*[33]
Dieses umfassende Toleranzgebot ist für die Bürger stets mit einer Bürde oder Zumutung verbunden. Diese *ergibt sich,* so begründet HABERMAS, *nicht aus einer Relativierung eigener Überzeugungen, sondern aus der Einschränkung ihrer praktischen Wirksamkeit.*[34] Denn durch die Neutralisierung der Wirksamkeit religiöser Ansichten und Ansprüche wird der innere Friede erreicht, den bereits ROUSSEAU mit seinem Verbot der Intoleranz anstrebte. Allerdings kann in modernen, demokratischen Verfassungsstaaten die Toleranz nicht mehr durch ein Verbot der Intoleranz autoritativ erzwungen werden. In der Moderne können die Bürger *nämlich die Grenze einer reziprok zugemuteten Toleranz nur einvernehmlich spezifizieren, wenn sie ihre Entscheidungen von einem Modus der Beratung abhängig machen, der die zugleich betroffenen und beteiligten Parteien zur gegenseitigen Perspektivenübernahme und gleichmäßigen Interessenberücksichtigung anhalten. Genau dieser deliberativen Willensbildung dienen aber die demokratischen Verfahren des Verfassungsstaates.*[35]
Damit wird deutlich, dass ROUSSEAU mit seinem Verbot der Intoleranz zwar den Weg in die Moderne bereitet, aber auch, dass sein Konzept der religion civile den Anforderungen moderner Verfassungsstaaten noch nicht genügt. Denn ROUSSEAUs Intoleranzverbot ist ebenso wie die gesamte religion civile nicht das allgemein zumutbare, kritisierbare und revidierbare Ergebnis eines demokrati-

---

[32] HABERMAS, Jürgen: "Wann müssen wir tolerant sein? Über die Konkurrenz von Weltbildern, Werten und Theorien". Berlin-Brandenburgische Akademie der Wissenschaften. In: http://www.bbaw.de/schein/ habermas.html. Stand: Juli 2009. Festvortrag zum Leibniztag der Berlin-Brandenburgischen Akademie der Wissenschaften am 29. Juni 2002a.
[33] HABERMAS (2005c), a.a.O., S. 265.
[34] Ebd., S. 320.
[35] Ebd., S. 261.

2.3 Das Toleranzgebot der Religion Civile

schen Willensbildungsprozesses oder rationalen Diskurses. Die religion civile ist vielmehr dogmatischer Natur und damit unanfechtbar. Kritik ist unter Strafe verboten. Denn *wer aber zu sagen wagt »Es gibt kein Heil außerhalb der Kirche«, muß aus dem Staat ausgestoßen werden*.[36] Damit bedeutet ROUSSEAUs Intoleranzverbot eine bloß geduldete Kultfreiheit, aber keine rechtlich garantierte Religionsfreiheit. Denn es umfasst nur die politische Duldung religiöser Bekenntnisse, Wahrheiten und Praktiken, die von der religion civile abweichen, nicht aber solche, die ihr widersprechen.

Beide Begriffe - geduldete Kultfreiheit und Religionsfreiheit - sind deutlich zu trennen. Eine klare Begriffsexplikation gibt z.B. LÜBBE: *Toleranz* [ist die] *Praxis der Duldung dessen, worauf ein Rechtsanspruch nicht besteht. [...] In allem, worin uns ohnehin Freiheit rechtlich gesichert ist, sind wir auf Toleranz nicht mehr angewiesen, und es hätte den Charakter eines dreisten Eingriffs in unsere Rechte, wenn einer tolerieren zu wollen erklärte, worin uns zu hindern er gar nicht legitimiert ist.*[37] Hieraus folgt: *Freiheit, rechtlich konstituiert, macht Toleranz gegenstandslos.*[38] Religionsfreiheit bedeutet somit nicht nur die Möglichkeit, eine Religion privat und öffentlich zu bekennen, sondern auch das Recht, sie nicht zu bekennen, folglich frei zu sein für, aber auch frei zu sein von Religion, sei sie kirchlich verfasst oder zivil.

Erst in modernen Staaten folgt der Toleranzgewährung die verfassungsrechtliche Erklärung uneingeschränkter und einklagbarer Religionsfreiheit. Im contrat social, der Religion und Politik noch nicht vollständig trennt, ist diese Freiheit noch nicht verankert. Die Folge ist eine Kontroverse: Für ROUSSEAU kann es in einem Staat ohne verbindliche Mindestreligion (R) keinen Frieden (F) geben. Dies bedeutet formallogisch formuliert, wenn wir Frieden haben wollen, dann brauchen wir notwendig eine Mindestreligion: $F \supset R$. Aus dieser Konditionalaussage folgt, in der logischen Konsequenz des Modus Tollens, die allgemeine Konklusion, dass

---

[36] ROUSSEAU, a.a.O., S. 152f.
[37] LÜBBE (2004a), a.a.O., S. 76.
[38] Ebd., S. 78.

2 ROUSSEAU: Das Konzept der Religion Civile

Atheisten, die keine Religion haben (~R) und nicht an die Existenz Gottes glauben, keinen Frieden (~F) halten können. Doch dieser Schluss ist falsch. Denn es gibt nachweisbar Atheisten, die in Frieden zusammenleben. Ergo ist eine bekenntnispflichtige Mindestreligion keine notwendige Bedingung für den Frieden, keine Friedensprämisse. Folglich brauchen wir, wenn wir in Frieden miteinander leben wollen, nicht notwendig eine Religion. Deshalb lässt sich der Frieden durch Religion ebensowenig autoritativ erzwingen wie die Moral der Bürger. Religionen machen aus Menschen nicht notwendig gute und friedvolle Menschen. Es ist also falsch, dass Religionen eine Mindestgarantie für den Frieden und den Grundkonsens der sittlichen Orientierung geben. Dies gilt für autoritative Offenbarungsreligionen ebenso wie für ROUSSEAUs religion civile. Beide sind willkürlich, historisch bedingt, zufällig und partikulär. Sie sind ergo nicht allgemeingültig und folglich nicht allen Menschen zumutbar, auch nicht zu Friedenszwecken.

Der Mangel der vom Souverän gesetzten religion civile ist, ebenso wie der jeder kirchlich verfassten Religion, dass sie den Bürgerwillen nicht oder nur partiell berücksichtigt. Sie verletzt im Sinne KANTs *die Idee einer mit dem natürlichen Rechte der Menschen zusammenstimmenden Konstitution: daß nämlich die dem Gesetz* [hier die religion civile] *Gehorchenden auch zugleich, vereinigt, gesetzgebend sein sollen.*[39] Zudem berücksichtigt ROUSSEAUs Konzept der religion civile noch nicht, dass der Mensch allein aufgrund seiner Vernunft grundsätzlich in der Lage ist, aus sich heraus moralisch zu handeln und mit anderen Menschen in Frieden zusammenzuleben. Die religion civile fungiert hier also nur als ein Vernunftsurrogat (siehe Abs. 4.5 und 5.2.5).

---

[39] Kant (2005), a.a.O., S. 103.

2.4 Die Religion Civile als Vorstufe moderner Zivilreligionen

ROUSSEAUs religion civile ist funktionalisiert, minimalisiert und einzig pragmatisch durch Friedenszwecke legitimiert, nicht aber über irgendeine konsensfähige oder dogmatische Wahrheit. Mit diesen Merkmalen weist sie bereits deutliche Züge moderner Zivilreligionen auf, zum Beispiel im Sinne der Konzeption LÜBBEs (Kapitel drei).

Ein Unterschied zum modernen Begriff der Zivilreligion besteht jedoch darin, dass sie eine unter Strafandrohung verbindliche Bekenntnisreligion ist, während moderne Zivilreligionen keine Bekenntnispflicht mehr aufweisen. Insgesamt kann daher ROUSSEAUs religion civile noch nicht als moderne Zivilreligion, aber doch als eine Vorstufe für moderne Konzeptionen der Zivilreligion interpretiert werden. Dies ist mit ein Grund dafür, dass seine Abhandlung über die religion civile seit einigen Jahren in unterschiedlichen wissenschaftlichen Disziplinen eine intensive Rezeption erfährt. Sie wurde vor allem durch den Aufsatz *Civil Religion in America* des Soziologen Robert N. BELLAH (*1927) ausgelöst, der die Gedanken ROUSSEAUs in der amerikanischen Gesellschaft verwirklicht sieht: *It is clear that similar ideas, as part of the cultural climate of the late eighteenth century, were to be found among the Americans.*[40] BELLAH gibt in seinem Aufsatz zahlreiche Belege für die Existenz von Zivilreligion in Amerika. Aus religionsphilosophischer Perspektive ist sein empirisch-soziologischer Aufsatz jedoch nicht ergiebig, weil wesentliche Fragen (siehe Kapitel eins) unbeantwortet bleiben.

LÜBBE beantwortet dagegen diese Fragen aus philosophischer Perspektive und bringt damit die nach der Aufklärung nicht verschwundene Religion, den

---

[40] BELLAH, Robert N.: Civil Religion in America. In: Daedalus, Journal of the American Academy of Arts and Sciences, Vol. 96, No. 1, 1967, S. 1-21. Ein Abdruck dieses Artikels findet sich u.a. bei http://hirr.hartsem.edu/Bellah/articles_5.htm. Stand: Juli 2009. Das angegebene Zitat steht dort auf S. 4.

2 ROUSSEAU: Das Konzept der Religion Civile

aufklärungs- und säkularisierungsresistenten Kern der Religion, auf den Begriff (Kapitel drei). Auch HABERMAS setzt sich, vor allem in seinen jüngeren Werken, mit der offensichtlichen Revitalisierung der Religion philosophisch-reflexiv auseinander. Beide kommen aber zu sehr unterschiedlichen Schlüssen hinsichtlich der Frage nach der Bedeutung der Religion in der Moderne. Die Unterschiede in ihren Konzeptionen werden in den folgenden beiden Kapiteln kritisch-reflexiv untersucht und hinterfragt. Die Ergebnisse dieser Reflexion sollen als Ausgangspunkt für die Ableitung und anschließende Selbstkritik der bereits in der Einleitung (Abs. 1.2) skizzierten vier Thesen zur Bedeutung der Religion in der Moderne fungieren.

3 LÜBBE: RELIGION ALS KONTINGENZBEWÄLTIGUNG - DIE MODERNE VERSION DER ZIVILRELIGION

Nichts als Religion bleibt, sich zum Unverfügbaren in Beziehung zu setzen.
Hermann Lübbe 2004.

In diesem Kapitel werden zunächst LÜBBEs Begriff der Zivilreligion entfaltet und anhand weniger, überwiegend auf Deutschland begrenzte Beispiele erläutert (Abs. 3.1). Anschließend wird die philosophisch relevante Frage nach der Funktion und der Bedeutung der Zivilreligion für Mensch und Staat reflektiert und kritisch beantwortet (Abs. 3.2) und in puncto einer konkreten Kontroverse rechtsphilosophisch erörtert (Abs. 3.3). Das Kapitel schließt mit einigen kritischen Überlegungen zur Funktionalisierung der Religion, wie sie z.b. durch HABERMAS vertreten werden (Abs. 3.4).

3.1 WAS IST ZIVILRELIGION?

Trotz Aufklärung, Säkularisierung und Trennung von Staat und Kirche wirkt heute Religion *kulturell weit über die Grenzen ihrer institutionellen Disziplin hinaus, das heißt, religiöse Lebensorientierungen gelten auch außerhalb kirchlichen Lebens.*[1] Hieraus schließt LÜBBE: *es gibt Kulturreligion.*[2] Sie umfasst als Ordnungsbegriff alle *Bestände religiöser Kultur, die in das politische System integriert sind.*[3] Diese öffentlichen Bestände sind deutlich von denjenigen im kirchlichen Kontext zu trennen. Denn *unbeschadet ihres unzweifelhaft religiösen Charakters unterliegen sie aber keineswegs kirchlicher Disposition.*[4] Daher

---
[1] LÜBBE (2004a), a.a.O., S. 307.
[2] Ebd.
[3] LÜBBE, Hermann: Staat und Zivilreligion. Ein Aspekt politischer Legitimität. In: KLEGER, Heinz; MÜLLER, Alois (Hrsg.): Religion des Bürgers - Zivilreligion in Amerika und Europa. 2. Auflage. Münster, LIT, 2004b, S. 196.
[4] LÜBBE, Hermann: >Ich entschuldige mich< Das neue politische Bußritual. Berlin, BvT, 2003, S. 34.

3 LÜBBE: Religion als Kontingenzbewältigung - Die moderne Version der Zivilreligion

erscheint es LÜBBE adäquat, sie konzeptuell und in Anlehnung an BELLAH Zivilreligion zu nennen.

In der amerikanischen Diskussion ist der Begriff Zivilreligion (civil religion) essentiell weiter gefasst als bei LÜBBE und subsumiert nicht nur religiöse, sondern alle ideellen Bestände, auf die sich die Legitimität des Staates symbolisch gründet.[5] Auch der Soziologe Niklas LUHMANN (1927-1998) vertritt einen äußerst umfangreichen Begriff der Zivilreligion, der alle Phänomene öffentlicher Wertorientierung, d.h. alle Grundwerte - religiöse und weltliche - einschließt.[6] Mitunter wird auch das *Fernsehen als Zivilreligion*[7] oder als der *wichtigste Protagonist der Zivilreligion*[8] ausgewiesen, da es gegenüber dem Massenpublikum in der Mediengesellschaft als Anbieter von Lebensorientierung und Wahrheit auftritt. Zivilreligion wird so zur Bildschirmreligion. Alle diese Begriffe haben aber nur eine geringe Trennschärfe, weshalb sie für eine kritische, also differenzierte philosophische Reflexion ungeeigneter sind, als der präzisere Begriff LÜBBEs. Seine Zivilreligion ist ebenso wie ROUSSEAUs religion civile eine Minimalreligion, die - aufgrund ihrer Begrenzung auf wenige Dogmen - als maximal konsensfähig angenommen wird. Im Gegensatz zur religion civile, zu der sich alle Bürger unter Strafandrohung bekennen müssen, ist LÜBBEs Zivilreligion aber *ein Bestand, der [...] Religionsfreiheit voraussetzt.*[9] Damit ist sie an keine staatlich verordnete Bekenntnispflicht gebunden. Wer sich nicht zu ihr bekennt,

---

[5] Bekannte Bestände sind u.a. die Deklaration des eigenen Landes als *God's own country* oder als *a nation under God*, der Hinweis *in God we trust* auf der Ein-Dollarnote und die häufigen religiösen Beteuerungen amerikanischer Politiker, insbesondere des ehemaligen Präsidenten Georg W. BUSH.

[6] LUHMANN, Niklas: Grundwerte als Zivilreligion. In: KLEGER/MÜLLER, a.a.O., S. 175ff.

[7] Z.B. in: VÖGELE, Wolfgang: Zivilreligion, Kirchen und die Milieus der Gesellschaft. Bielefeld, Zentrum für interdisziplinäre Forschung (ZIF), Mitteilungen 3/2001, S. 5. Ein Abdruck dieser Arbeit findet sich bei http://www.uni-bielefeld.de/(de)/ZIF/Publikationen/01-3-Voegele.pdf. Stand: Juli 2009.

[8] http://www.kath.de/kfa/zeitgeist/thesen/these15.htm. Stand: Juli 2009.

[9] LÜBBE (2004b), a.a.O., S. 197.

3.1 Was ist Zivilreligion?

wird nicht wie bei ROUSSEAU aus *dem Staat ausgestoßen*.[10] Sie ist auch keine Buchreligion und keine Konfession, denn *auf Zugehörigkeit oder Nichtzugehörigkeit kann nicht erkannt werden*.[11] Das aus bundesdeutscher Perspektive bedeutendste Beispiel eines zivilreligiösen Bestandes ist die Anrufung Gottes, die nominatio dei oder invocatio dei, in der Präambel des Grundgesetzes[12]. Als weitere Beispiele nennt LÜBBE u.a. die religiöse Beteuerung in Eidesformeln (So wahr mir Gott helfe!), die gesetzliche Verpflichtung von Lehrern auf die Erziehung der Kinder zur Ehrfurcht vor Gott, die Präsenz von Kruzifixen in Gerichtssälen und die Kirchenpräsenz bei Akten staatlicher Selbstdarstellung.[13] Auch die *vergangenheitspolitische Entschuldigungspraxis, als Zivilbuße*[14] ist für ihn eine zivilreligiöse Staatshandlung.[15] Diese Beispiele von LÜBBE sollen hier noch um zwei weitere aus dem Alltag vertraute Beispiele ergänzt werden: Als erstes ist das Schulfach Religion zu nennen, das als einziges Fach an öffentlichen Schulen grundgesetzlich verankert ist (GG Art. 7 Abs. 3), von Kirchen verantwortet wird und nicht, wie das Ersatzfach Ethik, der Forderung nach religiös-weltanschaulicher Neutralität unterliegt. Zweitens ist auf die Reden bundesdeutscher Politiker zu verweisen, die zunehmend religiöse Beteuerungen enthalten und damit dem umstrittenen amerikanischen Modell der Verschmelzung von Politik und Zivilreligion zu folgen scheinen.[16]

---

[10] ROUSSEAU, a.a.O., S. 153.
[11] LÜBBE (2004a), a.a.O., S. 317.
[12] *Im Bewußtsein seiner Verantwortung vor Gott [...] hat sich das Deutsche Volk kraft seiner verfassungsgebenden Gewalt dieses Grundgesetz gegeben.* GG Präambel, 23. Mai 1949, Stand: Dezember 2001.
[13] Weitere Beispiele finden sich u.a. in LÜBBE (2004a), a.a.O., S. 306ff und in: ders.: Politik nach der Aufklärung. München, Wilhelm Fink, 2001, S. 193ff.
[14] LÜBBE (2003), a.a.O., S. 42.
[15] Z.B. der Kniefall des Bundeskanzlers Willy BRANDT vor dem Mahnmal für die Ghetto-Opfer in Warschau am 7. Dezember 1970.
[16] So antwortete beispielsweise die Bundeskanzlerin Angela MERKEL in einem Interview zur Frage der sozialen Marktwirtschaft in Zeiten der Globalisierung: *Das alles ist für die Menschen eine große Herausforderung. Rationale Politik alleine wird da die gewünschte Sicherheit nicht bieten können. Ich glaube, dass Religion und gesellschaftliche Verankerung*

3 LÜBBE: Religion als Kontingenzbewältigung - Die moderne Version der Zivilreligion

Trotz eines Minimums an Gehalt kursieren also zivilreligiöse Bestände in nahezu allen Bereichen öffentlichen Lebens. In Gestalt der Zivilreligion erfährt die traditionelle Religion eine für viele unerwartete Revitalisierung. Die genannten Beispiele belegen jedoch nur die Faktizität des Phänomens Zivilreligion, aber sie vermitteln nicht die Gründe, Funktion, Wirkung und Bedeutung von Zivilreligion, die auf eine philosophische Reflexion angewiesen sind.

3.2 FUNKTION, WIRKUNG UND BEDEUTUNG DER ZIVILRELIGION

LÜBBE stimmt mit ROUSSEAU überein, dass sowohl die Religion als auch die Zivilreligion allein in ihrer Funktion für den Menschen und den Staat von Bedeutung sind, nicht aber aufgrund ihrer Wahrheitsansprüche. Zivilreligion ist folglich eine funktionale Religion. Während ROUSSEAU ihre Funktion in der friedensstiftenden Vermittlung von Moral sieht, erkennt LÜBBE ihre Relevanz vor allem in der Kontingenzbewältigung (Abs. 3.2.1), der Legitimation politischer Macht und Ordnung (Abs. 3.2.2) sowie in der Sicherung von Freiheit und der Stiftung von Identität (3.2.3).

3.2.1 KONTINGENZBEWÄLTIGUNG

In LÜBBEs Konzeption der Zivilreligion ist der Begriff der Kontingenz von essentieller Bedeutung. LÜBBE subsumiert unter diesen Begriff sowohl Kontingenzen aus dem individuellen Bereich (A) als auch Kontingenzen aus dem politischen und staatlichen Bereich (B). In den nachfolgenden Unterabschnitten werden

---

im umfassenden Sinne dazukommen müssen. So etwas wie Gottvertrauen kann nicht einfach durch rational abgeleitete Sicherheiten gewährleistet werden. In: DIE ZEIT - Deutschland: »*Das hätte ich nicht für möglich gehalten*«. Hamburg, 47/2005.
In seiner Ansprache vor der Bundesversammlung nach seiner Wahl zum Bundespräsidenten am 23. Mai 2004 verwies Horst KÖHLER auf die *religiösen Wurzeln* Deutschlands und endete mit der religiösen Bitte: *Gott segne unser Land!* In: http://www.bundespraesident.de. Stand: Juli 2009.

3.2 Funktion, Wirkung und Bedeutung der Zivilreligion

daher diese beiden Bereiche zunächst getrennt betrachtet und erst anschließend einer gemeinsamen Kritik unterzogen (C).

(A) Menschliche Kontingenzbewältigung

Der Mensch ist aufgrund seines bloß endlichen Erkenntnisvermögens prinzipiell nicht in der Lage, die Gründe und Ursachen der vielfältigen Dinge der Welt und seines eigenen Daseins in ihrer unendlichen Gesamtheit zu durchschauen. Sein Leben und Handeln ist damit notwendig durch Zufälligkeit oder Kontingenz geprägt, die er trotz Aufklärung nicht erklären und beeinflussen kann und deshalb eo ipso nicht zu seiner Disposition stehen. Es sind folglich *aufklärungsresistente* [...] *Unverfügbarkeiten des Lebens*[17], die ihn mit *Erfahrungen der Angst, des Leids, der Not, der Einsamkeit und des Verlorenseins*[18] konfrontieren. *Alle moderne Geschichtserfahrung ist Kontingenzerfahrung.*[19] Es ist eine Erfahrung um die Endlichkeit des menschlichen Vernunftvermögens und damit um die Begrenztheit menschlicher Handlungsmöglichkeiten und Verfügungsgewalt. Zu den kontingenten Risiken menschlichen Lebens gehören folglich alle außeralltäglichen Erfahrungen, wie die Erfahrung von Unfällen, Naturkatastrophen und Technikfolgen. Der Mensch muss sich diesen kontingenten Erfahrungen stellen, er muss sie bewältigen. Dies liegt allein schon im natürlichen Selbsterhaltungstrieb des Menschen, den SPINOZA conatus perseverantiae[20] nennt, begründet. Dies bedeutet, Kontingenzbewältigung ist notwendig. Doch wie können wir mit dieser Erfahrung unverfügbarer Wirklichkeit umgehen, wie können wir sie bewältigen? Technik, Politik, Wissenschaft und Ethik können uns keine Orientierung in puncto unserer Daseinskontingenz geben, da sie nach LÜBBE *weder technisch*

---

[17] LÜBBE (2004a), a.a.O., S. 148.
[18] Ebd., S. 151.
[19] Ebd., S. 70.
[20] Vgl: SPINOZA, Benedictus de: Ethica Ordine Geometrico demonstrata. Stuttgart, Reclam, 1977, S. 490f. *Conatus sese conservandi nihil est praeter ipsius rei essentiam - Das Bestreben sich zu erhalten, ist nichts anderes als das Wesen des Dinges* [also auch des Menschen] *selbst.*

3 LÜBBE: Religion als Kontingenzbewältigung - Die moderne Version der Zivilreligion

noch politisch noch moralisch[21] bewältigt werden kann. *Nichts als Religion bleibt, sich zum Unverfügbaren in Beziehung zu setzen.*[22] Damit wird es zwar nicht verfügbar, aber die Religion *bringt uns in ein Verhältnis dazu, und zwar in ein Verhältnis seiner Anerkennung.*[23] Wir müssen folglich anerkennen, dass *unsere Könnerschaften begrenzt, ja ihrerseits unverfügbar und der Intervention unberechenbarer Umstände ausgesetzt sind.*[24]

Religion ist folglich eine *Kultur des Verhaltens zum Unverfügbaren*[25], wodurch sie *eine Lebensfunktion von anthropologischer Universalität*[26] erfüllt. Damit ist die Anerkennung unverfügbarer Kontingenz ein Aspekt unserer rationalen Lebenspraxis, also ebenso wie unsere Vollzüge des Erkennens und Handelns. Sie ist ergo *ein Akt der Vernunft*[27] und damit lehr- und lernbar, was LÜBBE aber nicht eigens impliziert. Mit ihr stellen wir uns *zu einer gegebenen Lage ein, in der wir nicht diese, sondern eben einzig unsere Einstellung zu ihr ändern*[28] und damit uns selbst. Sie hat mithin eine *lebenseinstellungsverändernde Wirkung.*[29] LÜBBE vertritt die These, dass wir allein mittels Religion unsere Kontingenz bewältigen können. Dies bedeutet, *für die Religion gibt es kein funktionales Äquivalent*[30], da sie etwas leistet, was anders nicht geleistet werden kann. Religion ist ergo notwendig. Folglich konnten Aufklärung und Säkularisierung ihre Bedeutung für den Menschen als Kulturwesen nur verringern, aber *keineswegs zum Verschwinden*[31] bringen. Daher ist es für LÜBBE eine Illusion, dass der *kulturelle und soziale*

---

[21] LÜBBE (2004a), a.a.O., S. 167.
[22] Ebd., S. 16.
[23] Ebd.
[24] LÜBBE (2005), a.a.O., S. 163.
[25] LÜBBE (2004a), a.a.O., S. 149.
[26] Ebd., S. 17.
[27] Ebd., S. 168.
[28] Ebd., S. 161.
[29] Ebd., S. 231.
[30] Ebd., S. 228.
[31] Ebd., S. 132.

3.2 Funktion, Wirkung und Bedeutung der Zivilreligion

Fortschritt [...] uns schließlich in Lebensumstände versetzen könnte, in denen wir auf Leistungen religiöser Kultur nicht mehr angewiesen sein würden.[32] Die Erwartung, die religiöse Lebenspraxis werde sich eines Tages im Prozeß der Perfektionierung unseres übrigen Handelns in dieses hinein auflösen,[33] ist für ihn eine *Nonsens-Erwartung*.[34]

Entgegen HABERMAS, der in Übereinstimmung mit den in der Einleitung (Abs. 1.2) vorgestellten Thesen, in metaphysischen, szientistisch-naturalistischen und anderen Weltdeutungen durchaus eine Konkurrenz zu den religiösen Weltbildern sieht (Abs. 4.2 und 5.2.2), bestreitet LÜBBE diese Konkurrenzthese für die Moderne. Vor allem den Wissenschaften traut er nicht zu, mit ihren profanen Weltbildern in Konkurrenz zur Religion zu treten. *So ist, was das Verhältnis von Religion und Wissenschaft anbelangt, nicht der Triumph der Wissenschaft über die Religion, vielmehr die vollendete religiöse und weltanschauliche Neutralität des Erkenntnisfortschritts das Charakteristikum unserer wissenschaftskulturellen Gegenwartslage.*[35] Weltbildrelevante wissenschaftliche Leistungen vollbrachten die *kopernikanische Revolution*[36] und die *Darwinsche Revolution*[37]. Doch diese gehören der Vergangenheit an. *Weltbildänderungen von analoger Dramatik hätten sich aber seither nicht wiederholt, und entsprechend habe sich der kulturelle Aufregungswert wissenschaftlicher Innovationen verringert.*[38] Hieraus schließt LÜBBE, dass *von diesen Fortschritten ihrer Lebensweltferne wegen keinerlei kulturell bedeutsame Orientierungsleistung mehr*[39] ausgeht. *Wie erklärt sich dieser inzwischen nahezu vollendete Vorgang religiöser und weltanschauli-*

---

[32] Ebd., S. 14.
[33] Ebd., S. 167.
[34] Ebd.
[35] LÜBBE (2005), a.a.O., S. 56.
[36] Ebd.
[37] Ebd.
[38] Ebd., S. 56f.
[39] Ebd., S. 58.

3 LÜBBE: Religion als Kontingenzbewältigung - Die moderne Version der Zivilreligion

cher Neutralisierung des wissenschaftlichen Erkenntnisfortschritts?,[40] fragt LÜBBE rhetorisch. Seine Antwort lautet: *Die orientierungspraktische Bedeutsamkeit des wissenschaftlichen Erkenntnisfortschritts nimmt mit der zunehmenden Lebensferne dieses Fortschritts ab. Je tiefer die Wissenschaften in die Dimension des sehr Großen, des sehr Kleinen und des sehr Komplizierten eindringen, um so weniger tangieren sie unsere Primärerfahrungen.*[41]

Auch wenn diese Beobachtungen größtenteils zutreffen mögen, so entbehren sie doch einer begründeten Allgemeingültigkeit. Sie sind daher keinesfalls hinreichend, um die Bedeutungslosigkeit der Wissenschaften als potentielle orientierungsgebende Weltbilder zu begründen. Aus den Beobachtungen einer gegenwärtigen Revitalisierung der Religion und einem scheinbaren Rückgang wissenschaftlicher Weltbilder, kann logisch stringent weder auf die Notwendigkeit der Religion noch auf die grundsätzliche Bedeutungslosigkeit wissenschaftlicher Weltdeutungen geschlossen werden. Beobachtungen sind naturgemäß kontingent. LÜBBEs Schluss der Notwendigkeit der Religion und der Bedeutungslosigkeit wissenschaftlicher Weltbilder ist daher nicht mehr als eine empirische Augenblicks- oder Gegenwartsbeschreibung, die morgen schon anders aussehen kann. So nehmen bereits heute Teilbereiche der modernen Hirn- und Genforschung sowie der Astrophysik unverkennbar einen weltbildprägenden Charakter an, unbeachtet dessen, wie zweifelhaft diese szientistischen Weltbilder auch sein mögen (siehe Abs. 5.5).[42]

---

[40] Ebd.
[41] Ebd.
[42] LÜBBEs *Lebensferne* des wissenschaftlichen Fortschritts trifft heute in vielen Forschungsbereichen nicht mehr zu. So zielt die Genforschung auf die Selbstoptimierung des Menschen und die Hirnforschung strebt den Nachweis an, dass alles menschliche Handeln durch die Hirnstruktur determiniert und unser Bewusstsein bloß eine Illusion ist. Auch die in der modernen Medientechnik anvisierte Verschmelzung von Virtualität und Realität, die keine Unterscheidung mehr zwischen real und virtuell erlaubt, wäre hier zu nennen. Alle diese Forschungsarbeiten tangieren sehr wohl *unsere Primärerfahrungen*. Aus philosophischer Sicht besteht hier folglich ein hoher Reflexionsbedarf.

3.2 Funktion, Wirkung und Bedeutung der Zivilreligion

Die Frage nach der Bedeutung von religiösen und wissenschaftlichen Weltbildern und Weltanschauungen kann aus philosophischer Perspektive nur mit Gründen und logisch stringenten Argumenten, nicht aber mit kontingenten Beobachtungen beantwortet werden. Diesem Ziel hat sich vor allem HABERMAS verpflichtet (Kapitel vier). Auch der Entwicklung der in der Einleitung vorgestellten Thesen zur Bedeutung der Religion und des Glaubens in der Moderne sind diese Forderungen zugrundegelegt (Kapitel fünf).

(B) Staatliche Kontingenzbewältigung

Wie der Mensch, so ist auch das politische System, der Staat, nicht frei von Kontingenz. Auch für ihn gibt es Voraussetzungen, die ihm nicht dispositiv, also nicht verfügbar sind. Und so wie Religion, z.B. eine kirchlich verfasste, dem Menschen zur Kontingenzbewältigung dient, so bewältigen der Staat, seine Institutionen und Repräsentanten ihre Kontingenz mittels Zivilreligion. Sie ist für LÜBBE ein unentbehrliches Instrument zur Anerkennung des grundsätzlich politisch Unverfügbaren. Die moderne Form der Zivilreligion ist ergo ebenso notwendig wie die traditionelle Form der kirchlichen Religion. Daher gibt es in jedem säkularisierten Gemeinwesen notwendig *politisch-kulturelle Restbestände, die nicht vollständig durchsäkularisiert sind.*[43] Staatliche Kontingenz wird zivilreligiös bewältigt, indem *das Gemeinwesen [...] seine Abhängigkeit von Lebensvoraussetzungen symbolisch bekundet, die politisch nicht dispositiv sind.*[44] Wer Macht hat, gesteht also ein, bei der Ausübung dieser Macht auf etwas angewiesen zu sein, das nicht in seiner Macht steht. Das politisch Unverfügbare wird besonders dort deutlich, wo als Folge staatlichen Handelns etwas eintritt, was nicht wieder gut zu machen ist. Die zivilreligiöse Antwort oder Geste auf diese Erfahrung ist das bereits oben genannte zivilreligiöse Entschuldigungsritual als An-

---

[43] LÜBBE (2004a), a.a.O., S. 95.
[44] LÜBBE, Hermann: Politik nach der Aufklärung. München, Wilhelm Fink, 2001, S. 196.

3 LÜBBE: Religion als Kontingenzbewältigung - Die moderne Version der Zivilreligion

erkennung und Bewältigung dieser Folgen. Es ist in seiner Form, z.B. bei zivilreligiösen Kranzniederlegungen für die Gefallenen beider Weltkriege, ein *Symbol für die Unentrinnbarkeit unserer Herkunftsgeschichten.*[45] Nach LÜBBE kommt ergo auch der moderne, also säkularisierte und aufgeklärte Rechtsstaat nicht ohne religiöse Symbole, Rituale und Kulte aus, *durch die innerhalb des politischen Systems öffentlich ein Sinnbezug zu prinzipiell nicht disponiblen Voraussetzungen seiner eigenen Existenz hergestellt wird.*[46] Aus diesen Überlegungen erhellt sich nunmehr auch LÜBBEs definitorische Umschreibung des Begriffes Zivilreligion, den er selbst zu den *anspruchvollen Begriffen*[47] zählt. Die Umschreibung lautet: *Zivilreligion - das sind Bestände öffentlicher Kultur, in der das Gemeinwesen und in ihm das bürgerliche Leben seine Abhängigkeit von Lebensvoraussetzungen symbolisch bekundet, die politisch nicht dispositiv sind und im Interesse gemeinsamen politischen Lebens Anerkennung ihrer Unverfügbarkeit verlangen.*[48]

LÜBBE vertritt damit die These der Notwendigkeit von Zivilreligion. Daher wendet er sich gegen die Behauptung: *Die Zivilreligion erscheint als ein im öffentlichen Raum dann und wann vorkommender Religionsrest.*[49] Denn die Phänomene der Zivilreligion sind für ihn *keineswegs „Versatzstücke" und auch nicht Religionsrelikte aus einer kulturellen Evolution vor ihrem säkularisierungsbedingt definitiven Verschwinden. Es handelt sich vielmehr um Bestände von konzeptueller Prägnanz.*[50] Mit dieser Behauptung kritisiert LÜBBE das Religionskonzept von HABERMAS, das ein säkularisierungsbedingtes Obsoletwerden der Religion zumindest für möglich und denkbar erachtet (Kapitel vier).

---

[45] LÜBBE (2003), S. 76.
[46] LÜBBE (2004a), a.a.O., S. 321.
[47] LÜBBE (2001), S. 196.
[48] Ebd.
[49] LÜBBE (2005), a.a.O., S. 184.
[50] Ebd., S. 185.

3.2 Funktion, Wirkung und Bedeutung der Zivilreligion

(C) Kritik der religiösen Kontingenzbewältigung

Wenn Religion und Zivilreligion zur Kontingenzbewältigung unabdingbar sind, dann stellt sich unweigerlich die Frage, wie bewältigen Nichtgläubige ihre Kontingenz? Bewältigen sie ihre Unverfügbarkeiten gar nicht oder, entgegen LÜBBEs These, eben doch nichtreligiös, z.b. unter Leitung ihrer Vernunft? Möglich wäre auch, dass nicht die Religion oder Zivilreligion als solche die Kontingenz bewältigen, sondern bloß ihre inhärente Symbolik. In diesem Fall wäre es denkbar, dass der Mensch als *animal symbolicum*[51] seine Daseinskontingenz auch mittels nichtreligiöser, also weltlicher Symbole und Rituale bewältigen kann.[52] Zudem ist es zumindest vorstellbar, dass verschiedene Kontingenzen, bedingt durch Fortschritte in der Genetik, der Hirnforschung und der Biotechnologie, zukünftig im Rahmen einer physikalisch-biologischen Optimierung oder Selbstoptimierung des Menschen beseitigt werden können. Aus philosophischer Perspektive besteht hier allerdings noch kritischer Diskussions- und Reflexionsbedarf. Vor allem wäre die Frage zu beantworten, worum es bei der Optimierung des Menschen geht: Geht es um Kontingenzbewältigung oder um Kontingenzbeseitigung? Wollen wir dazu kommen, dass wir Kontingenzerfahrung wegdenken können?[53] Wie auch immer: Religion erweist sich stets nur als eine mögliche Form der Kontingenzbewältigung, nicht aber als eine notwendige.

Ebenso wie ROUSSEAUs Konzept der religion civile, so gerät folglich auch LÜBBEs These, dass Religion eine Lebensfunktion ausübt, *die sozialstaatlich, wissenschaftlich oder ideologisch, also säkular, gerade nicht äquivalent erfüllbar*

---

[51] CASSIRER, Ernst: Versuch über den Menschen. Einführung in eine Philosophie der Kultur. Hamburg, Felix Meiner, 1996, S. 51.
[52] Vgl.: PRISCHING, Manfred: Religion und Symbol. In: http://www.kfunigraz.ac.at/~prischin/ 0006s-kulturth/kulturth07-religion.doc. Stand: Juli 2009.
[53] Diese Fragen stellte Carl Friedrich GETHMANN zur Einführung des Kolloquiums „Der >neue< Mensch - Ethische Probleme der Genforschung und Biotechnologie". XX. Deutscher Kongress für Philosophie, Berlin, 28. September 2005.

3 LÜBBE: Religion als Kontingenzbewältigung - Die moderne Version der Zivilreligion

ist[54], ins Wanken, wenn die Thematik des Atheismus oder alternativer Praktiken zur Kontingenzbewältigung in die Auseinandersetzung einbezogen werden. Die Notwendigkeit von Religion und Zivilreligion wird also durch LÜBBE nur faktisch belegt, nicht aber logisch stringent begründet (vgl. Kapitel fünf).

Auch HABERMAS übt Kritik an der religiösen Kontingenzbewältigungspraxis. Die Bewältigung von Kontingenzerfahrung ist, so begründet HABERMAS, in erster Linie eine Aufgabe der Vernunft und nicht des religiösen Glaubens (Abs. 4.2.1). Denn der Mensch kann *nur über eine produktive Verarbeitung von Enttäuschungen* [also LÜBBEs Kontingenzen] *und die fortgesetzte Bewältigung von Problemen* [also nochmals LÜBBEs Kontingenzen] *»passende« Handlungsgewohnheiten herausbilden und verstetigen. Was den Menschen als handelndes Wesen auszeichnet, ist dieses problemlösende Verhalten - zu wissen, wie man eine problematisch gewordene Situation klärt* [also Kontingenzen bewältigt], *und zu wissen, dass man sich dabei auf keine andere Autorität verlassen kann als die eigene intelligente Anstrengung.*[55] Dies ist unverkennbar eine deutliche Kritik an LÜBBEs Konzept der religiösen und zivilreligiösen Kontingenzbewältigungspraxis, welches der Religion im persönlichen Bereich wie auch im staatlichen Bereich eine außerordentlich umfangreiche funktionale Bedeutung zuspricht. *Nahezu alles Zufällige kann weginterpretiert werden.*[56] In HABERMAS' Konzept der Kommunikations- und Sprechergemeinschaften ist es dagegen vornehmlich die kommunikative Vernunft, die *einzelne Zufälligkeiten nicht mehr einfach weginterpretieren kann, sondern handelnd unter Kontrolle bringen muß.*[57] Dies bedeutet, es geht HABERMAS in erster Linie um ein vernunft- und wissensbasiertes *Wegarbeiten aller Kontingenzen*[58] (Kapitel vier).

---

[54] LÜBBE (2004a), a.a.O., S. 236.
[55] HABERMAS, Jürgen: Zeit der Übergänge. Frankfurt am Main, Suhrkamp, 2001c, S. 159.
[56] HABERMAS (1976), a.a.O., S. 98.
[57] Ebd.
[58] Ebd., S. 105.

3.2 Funktion, Wirkung und Bedeutung der Zivilreligion

Die Vernunft ist folglich in der Bewältigung von Daseinskontingenzen zweifelsfrei eine Alternative zum religiösen Glauben. Es ist sogar denkbar, dass sie allein und vollständig diese Aufgabe zu leisten vermag. Auch der bereits oben genannte Symbolismus ist für HABERMAS als mögliche Alternative denkbar. Denn er findet sich eben nicht nur in der Religion, sondern auch im Alltäglichen und, im Zusammenhang staatlicher Symbolik[59], auch im Politischen. Auch der Symbolismus vermag Kontingenzen zu bewältigen. *Im Laufe des Zivilisationsprozesses spinnt sich der Mensch in ein immer komplexeres Gewebe von symbolischen Vermittlungen ein und befreit sich dadurch von den Kontingenzen einer Natur, mit der er auf immer indirekteren Wegen in Kontakt tritt.*[60] Obgleich aber der Symbolismus das Potential hat, Kontingenzen zu bewältigen, bleibt nach HABERMAS doch die Vernunft - genauer: die kommunikative Vernunft - die einzige Option der Kontingenzbewältigung, die man mit guten Gründen universal rechtfertigen kann. Denn nur über die Vernunft steht der Mensch in einem direkten Verhältnis zur Welt, nicht jedoch über Weltbilder oder mittels eines Symbolismus. Im letzteren *zeichnet sich der Mensch durch ein indirektes Verhältnis zur Welt aus, weil zwischen Wahrnehmungssystem und Bewegungsapparat das Bindeglied symbolischer Formen tritt.*[61]

Besonders deutlich tritt der religiöse Symbolismus beim zivilreligiösen Entschuldigungsritual und der religiös-rituellen Vergangenheitsbewältigung auf. Auch hier räumt HABERMAS der Religion nur sehr eingeschränkt eine funktionale Bedeutung ein. Denn in der *Moderne gibt es keinen allgemein geteilten Kontext mehr, worin überlieferte symbolische Ausdrucksformen* [wie wir sie in der Zivilreligion vorfinden] *und rituelle Praktiken begründungsfrei kollektive Verbindlichkeiten erzeugen könnten.*[62] Dies bedeutet nun aber nicht, dass solche

---

[59] HABERMAS (2001c), a.a.O., S. 65.
[60] Ebd., S. 75.
[61] Ebd., S. 72.
[62] HABERMAS, Jürgen: Der Zeigefinger. Die Deutschen und ihr Denkmal. Hamburg, DIE ZEIT, 14/1999.

Praktiken in der Moderne keine Rolle mehr spielen, denn nach wie vor gibt es Situationen, wie z.B. die Vergangenheitsbewältigung, die, so HABERMAS, nach einer symbolischen Darstellung und Ritualisierung verlangen. Aber es müssen *die Formen und Ideen, die ein solches Vorhaben inspirieren, im Säurebad erbarmungsloser öffentlicher Diskurse jedes Scheins von Naturwüchsigkeit entkleidet werden.*[63] Folglich müssen auch LÜBBEs zivilreligiöse Bewältigungspraxen zunächst das Filter der Diskursbedingungen passieren, um allgemeine Akzeptabilität beanspruchen zu können (Kapitel vier). Problematisch am Diskursansatz HABERMAS' ist allerdings, ob dieser die Realität der Moderne tatsächlich widerspiegelt. LÜBBE bestreitet dies. Nach ihm ist eine *ausschlußrechtsfreie Diskursgemeinschaft nicht denkbar. Menschen gelten als sprach- und handlungsfähige Wesen, gewiß. Aber diese Kennzeichnung hat den Charakter einer gleichheitsverfügenden transzendentalen Zuschreibung, zu der sich die soziale Realität mit ihren höchst differenzierten faktischen Kompetenzvoraussetzungen anerkannter Gesprächsfähigkeit komplementär verhält.*[64] Unbeschadet dieser Kritik ist der rationale Diskurs ein adäquates und vor allem ein allgemein zumutbares Mittel zur Kontingenzbewältigung und damit eine rationale Alternative zum Konzept der religiösen Kontingenzbewältigungspraxis LÜBBEs.

Als ein Zwischenfazit kann damit bereits an dieser Stelle festgehalten werden, dass die Religion nicht alleine das Potential hat, Kontingenzen zu bewältigen, wie LÜBBE es annimmt. Sie ist mithin zur Kontingenzbewältigung nicht notwendig. Denn es gibt nachweislich Alternativen. Sie ist aber möglich. Damit findet die in der Einleitung vorgestellte These der Nichtnotwendigkeit der Religion eine erste Bestätigung ihrer Gültigkeit.

---

[63] Ebd.
[64] LÜBBE (2005), a.a.O., S. 129f. Vgl. auch: ders: Ebd., S. 186.

3.2 Funktion, Wirkung und Bedeutung der Zivilreligion

3.2.2 LEGITIMATION POLITISCHER ORDNUNG UND MACHT

Jeder freiheitliche, säkularisierte Verfassungsstaat benötigt eine Legitimation seiner politischen Ordnung, um langfristig aus sich heraus handlungsfähig zu sein. LÜBBE zeigt, dass es nicht zuletzt die Zivilreligion ist, die nach der Trennung von Religion und Politik diese Legitimation garantiert. Indem sie durch ihre religiöse Symbolik öffentlich bekundet, dass dem Staat nicht alles zur Disposition steht, setzt sie ihm eine sakrale Hemmschwelle, die legitimierend wirken soll. In diesem Sinne ist auch die nominatio dei in der Präambel des Grundgesetzes zu deuten. Sie steht für den Rekurs auf Vorstaatliches und Ewiges und fungiert damit als metaphysische Fundierung oder vorrechtliches Grundprinzip der auf die Präambel folgenden positiven Gesetze. Durch den Transzendenzbezug auf Gott als letzte Verantwortungsinstanz und moralische auctoritas erhebt der Staat sein Interesse an religiöser Legitimation zum Verfassungswillen. Denn *der Adressat der religiösen Verantwortung, auf den die Zivilreligion in der Tat im liberalen Staat verweist, ist eben Gott und nicht ein heiliges Politbüro als religiöser Legitimitätsgarant. In dieser Funktion ist die Zivilreligion gerade nicht ein Medium der Sakralisierung des politischen Systems, sondern ein Liberalitätsgarant.*[65] Hieraus wird deutlich, dass LÜBBE der Zivilreligion sowohl die Funktion der Legitimation staatlicher Macht, als auch der Sicherung der Bürgerfreiheit zuweist. Problematisch wird die zivilreligiöse Legitimation, wenn der Staat sie zur Rechtfertigung politischer Ziele als letzte Wahrheit missbraucht (z.B.: Heiliger Krieg) oder zur religiösen Überhöhung der Nation ausnutzt.[66] Denn eignet sich der Staat eine bestimmte Religion an, sei sie kirchlich verfasst oder zivil, dann wird er ungerecht und intolerant. LÜBBE ist sich dieser Gefahr bewusst: *Einzig die politisch revitalisierten Religionen verfügen noch, nach dem Untergang der*

---

[65] LÜBBE (2004a), a.a.O., S. 325.
[66] Z. B. im Sinne eines *God's own country* oder einer *nation under God*. Dies trifft also zumindest im Ansatz auf die Zivilreligion in den USA zu. Den Zivilreligionen Europas fehlt diese religiös-national-patriotische Überzeugung.

3 LÜBBE: Religion als Kontingenzbewältigung - Die moderne Version der Zivilreligion

Groß-Ideologien des westlichen, totalitären Typus, über die Glaubensmittel zur Legitimierung von Friedensbrüchen zu Zwecken der Verbreitung des Heils.[67] Aus diesem Grund verbietet das aus dem Grundgesetz ableitbare laizistische Prinzip der religiös-weltanschaulichen Neutralität dem Staat die Identifikation mit einer bestimmten Religion. Folglich darf der Präambelgott nicht mit dem des Christentums gleichgestellt werden, auch wenn dies faktisch geschieht.

Als zivilreligiöse Chiffre hält die nominatio dei das Bewusstsein wach, dass der freiheitliche, säkularisierte Staat von Voraussetzungen lebt, die er selbst nicht hervorbringen kann (vgl. Abs. 3.2.3). Der Transzendenzbezug auf Gott bedeutet damit eine zivilreligiöse Selbstbeschränkung des Staates durch die Anerkennung von Sachverhalten, über die er nicht verfügen kann. Würde er dagegen absolute Werte oder Wahrheiten als nicht transzendent, sondern als dem politischen Prozess immanent behaupten, so würde er totalitär. Indem der Staat sich also durch die nominatio dei die Grenze seiner verfassungsmäßigen Gewalt selbst vorgibt, wirkt er zugleich *politisch als Medium der Immunisierung der politischen Kultur gegen politische Totalitätsansprüche.*[68] Dies bedeutet, *im Verhältnis zu den totalitären Ideologien gewinnt religiöse Lebensorientierung geradezu eine Aufklärungsfunktion.*[69] Daher muss es die Aufgabe eines säkularisierten Staates sein, seinen Bürgern in religiösen Anschauungen und Praktiken aktiv Raum zu geben, d.h. er muss sie stärken und fördern. Dies impliziert, dass er vor allem die Ordnung der Freiheit und damit die Religions- und Bekenntnisfreiheit sichern sollte.[70] Gefordert ist folglich im Interesse des Staates eine von HABERMAS vorgeschlagene *Säkularisierung, die nicht vernichtet.*[71] Nur dann sind Neutralitätsgebot und

---

[67] LÜBBE (2005), a.a.O., S. 84.
[68] LÜBBE (2004a), a.a.O., S. 326.
[69] Ebd., S. 237.
[70] Dies erinnert an SPINOZA: *Der Zweck des Staates ist in Wahrheit die Freiheit.* In: SPINOZA, Baruch de: Theologisch-politischer Traktat. Sämtliche Werke, Band 3. Hamburg, Felix Meiner, 1994, S. 301.
[71] HABERMAS (2001b), a.a.O., S. 29.

3.2 Funktion, Wirkung und Bedeutung der Zivilreligion

gesetzlich garantierte Religionsfreiheit weitaus stärkere Instrumente zur Sicherung des Bürgerfriedens als ROUSSEAUs Toleranzgebot bei gleichzeitiger Bekenntnispflicht zur religion civile. Letztlich geht es also darum, den Gedanken der Aufklärung fortzusetzen, nämlich die Eigengesetzlichkeit der Vernunft zu fördern, um den Menschen von jeglicher religiöser als auch politischer Fremdbestimmung zu lösen.

Wenn LÜBBE die Kontingenzbewältigung durch die Religion behauptet, lässt er zumeist offen, welche Religion er meint bzw. setzt stillschweigend die christliche Religion voraus. Dies gilt auch für die religiöse Legitimation politischer Ordnung und Macht. Auch für diese Legitimationsfunktion kommt für ihn offensichtlich nur die christliche Religion in Frage. Zumindest nennt er keine andere. In überwiegend christlichen Gemeinschaften mag diese christlich fundierte Legitimation staatlicher Macht legitim erscheinen, aber in modernen pluralistischen Gesellschaften, in denen Christen nur eine kulturelle Gruppe unter vielen bilden, wird diese Legitimationsgrundlage problematisch. Denn auf welche Religion soll ein multikultureller Staat, der durch einen Pluralismus an Weltanschauungen geprägt ist, rekurrieren? Soll er überhaupt seine Legitimation auf einer Religion gründen? HABERMAS beantwortet diese zweite Frage mit Nein. Das in der ersten Frage artikulierte Problem der Religionswahl stellt sich somit erst gar nicht. Denn in demokratischen Rechtsstaaten garantiert allein das allgemeine demokratische Verfahren und der diesem Verfahren inhärente rationale Willensbildungsprozess die Legitimation der politischen Ordnung. Dies bedeutet, *die Annahme einer gemeinsamen Menschenvernunft ist die epistemische Grundlage für die Rechtfertigung einer säkularen Staatsgewalt, die nicht länger von* [partikulären und kontingenten] *religiösen Legitimationen abhängt.*[72] HABERMAS' Kritik an Konzeptionen, die im Sinne LÜBBEs eine religiöse Grundlegung der Legitimation fordern, besteht folglich darin, dass in ihnen *nicht in Betracht gezogen wird,*

---

[72] HABERMAS (2005c), a.a.O., S. 125.

3 LÜBBE: Religion als Kontingenzbewältigung - Die moderne Version der Zivilreligion

dass sich Rechtsordnungen selbstbezüglich aus dem demokratisch erzeugten Rechtsverfahren allein legitimieren können.[73] Ein Rekurs auf Gott ist folglich nicht notwendig. Aber auch der Rekurs auf das demokratische Verfahren ist problematisch, da es die Frage eröffnet, wie denn dieses Verfahren als solches wiederum zu legitimieren ist. Diese Frage führt unweigerlich zu einer Kette weiterer Legitimationsfragen und damit zu einem regressus in infinitum, der allem Anschein nach wieder nur durch Gott als letzte Legitimationsinstanz abgebrochen werden kann. Wie HABERMAS dieses Dilemma löst, wird im Abs. 4.3 dargelegt.

3.2.3 IDENTITÄTSSTIFTUNG

ROUSSEAU begründet, dass die politisch-soziale Einheit eine Prämisse stabiler Staatswesen ist. Um sie zu garantieren, konzipiert er eine verbindliche, konsensfähige religion civile. In einem vollends säkularisierten Staat mit rechtlich garantierter Religionsfreiheit besteht dieser religiös-integrative Konsens und damit die Homogenitätswirkung der Religion zunächst nicht. Doch *woraus lebt der Staat, worin findet er die ihn tragende, homogenitätsverbürgende Kraft und die inneren Regulierungskräfte der Freiheit,*[74] fragt daher Ernst-Wolfgang BÖCKENFÖRDE (*1930) treffend. Um der Freiheit willen kann er die Homogenität der religiösweltanschaulich heterogenen Gesellschaft nicht mit Rechtsmitteln erzwingen, ohne zugleich die Freiheit und damit sich selbst zu gefährden. Der Neutralität und Freiheit verpflichtet, stehen folglich dem Staat seine konstituierenden und identitätsstiftenden Bedingungen nicht zur Disposition. BÖCKENFÖRDE zieht daraus den vielzitierten Schluss: *Der freiheitliche, säkularisierte Staat lebt von Voraussetzungen, die er selbst nicht garantieren kann. Das ist das große Wagnis, das er,*

---

[73] HABERMAS, Jürgen; RATZINGER, Joseph: Dialektik der Säkularisierung. Über Vernunft und Religion. 2. Auflage. Freiburg, Herder, 2005a, S. 20.
[74] BÖCKENFÖRDE, Ernst-Wolfgang: Recht, Staat, Freiheit. Studien zur Rechtsphilosophie, Staatstheorie und Verfassungsgeschichte. Frankfurt am Main, Suhrkamp, 1991, S. 111.

3.2 Funktion, Wirkung und Bedeutung der Zivilreligion

um der Freiheit willen, eingegangen ist.[75] Damit stellt sich für ihn die Frage, *ob nicht auch der säkularisierte weltliche Staat letztlich aus jenen inneren Antrieben und Bindungskräften leben muß, die der religiöse Glaube seiner Bürger vermittelt.*[76] LÜBBE bejaht diese Frage. Er zeigt, dass der Staat auf Zivilreligion angewiesen ist, denn *die Zivilreligion ist* [...] *die Form, in der sich* [..] *der Staat selber auf diese Voraussetzungen, von denen er lebt, ohne sie garantieren zu können, ausdrücklich zurückbezieht.*[77] Dies ist der Grund, dass auch der aufgeklärte, also der vernunftgeleitete Staat seine Demokratie und Identität in einem transzendenten Bezugspunkt zivilreligiös verankert. Hieraus schließt LÜBBE, dass Religion und Zivilreligion sowohl die Konstitutionsbedingungen aufgeklärter Gemeinwesen stellen als auch die *Erhaltungsbedingungen aufgeklärter Kultur*[78]. Ihre Notwendigkeit für den Staat beweist die *Nicht-Autarkie des Staates*[79], die allein schon daraus folgt, dass zu seinen Wurzeln alle kulturell vermittelten religiösen Wertüberzeugungen als *Ensemble der Bedingungen seiner eigenen Existenz gehören.*[80] In diesem kulturellen Umfeld üben zivilreligiöse Symbole, Riten und Feste mit ihrer Bindungskraft eine soziale Integrationsfunktion aus.

Kann es aber für ein in jeder Hinsicht heterogenes Gebilde wie die Europäische Gemeinschaft so etwas wie einen religiösen oder zivilreligiösen Konsens geben? Obwohl etwa in der Hälfte der Verfassungen der Mitgliedstaaten der Europäischen Gemeinschaft Gott oder die christliche Kirche eine Erwähnung finden, konnte man sich hierauf im europäischen Rahmen nicht einigen. Die derzeit vorliegende Präambel des europäischen Verfassungsvertrags schöpft stattdessen nur noch aus dem gemeinsamen *kulturellen, religiösen und humanistischen Erbe*

---

[75] Ebd., S. 112. Vgl. auch: LÜBBE (2004a), a.a.O., S. 322.
[76] Ebd., S. 113.
[77] LÜBBE (2004a), a.a.O., S. 322.
[78] Ebd., S. 279.
[79] Ebd., S. 322.
[80] LÜBBE (2001), a.a.O., S. 207.

3 LÜBBE: Religion als Kontingenzbewältigung - Die moderne Version der Zivilreligion

Europas.[81] Dies ist ein deutlicher Beleg (kein Beweis) dafür, dass der identitätsstiftende zivilreligiöse Konsens gegen ein Minimum tendiert, wenn die religiösweltanschauliche Pluralität des Gesellschaftssystems zunimmt.[82] Zivilreligion ist, so zeigt auch LÜBBE, ein *Universalkonsens*, [der] *mit zunehmender Differenzierung dieses Systems abnehmen muß*.[83] Dies folgt schon allein aus begriffslogischen Gründen: je größer die Extension eines Begriffes ist, umso inhaltsärmer ist er an Merkmalen. Auch von theologischer Seite wird die Möglichkeit eines solchen religiösen Universalkonsenses inzwischen bestritten. So behauptet Joseph RATZINGER (*1927): *Die religiöse Weltformel, auf die sich alle einigen, und die dann das Ganze tragen könnte, gibt es nicht.*[84]

HABERMAS begründet, dass jeder staatlich begründete Rekurs auf Gott eine unnötige Rückwendung der Moderne zur religionsabhängigen Tradition ist und damit zu einer Rhetorik, *die die Kraft des überzeugenden Arguments hinter sich gelassen*[85] hat. Dies gilt für die Identitätssicherung ebenso wie für die Legitimationsbeschaffung. Eine Rückkehr zu religiösen Normen ist daher nach HABERMAS neokonservativ. Der Neokonservatismus möchte, so HABERMAS, *die moralischen Begründungslasten der staatlichen Ordnung minimieren.*[86] Hierzu

---

[81] *Schöpfend aus dem kulturellen, religiösen und humanistischen Erbe Europas, aus dem sich die unverletzlichen und unveräußerlichen Rechte des Menschen sowie Freiheit, Demokratie, Gleichheit und Rechtsstaatlichkeit als universelle Werte entwickelt haben* [...]. In: Amtsblatt der Europäischen Union (Reihe C Nr. 310), Vertrag über eine Verfassung für Europa. Luxemburg, Amt für amtliche Veröffentlichungen der Europäischen Gemeinschaften, 2005.

[82] BROEKMAN begründet im Rahmen einer Auseinandersetzung mit dem Problem der Identität Europas, dass diese Identität in der Gemeinsamkeit von Geschichte, Kultur, Evolution und Rechtssystem besteht; religiöse oder zivilreligiöse Elemente nennt er nicht. BROEKMAN, Jan M.: Die Europäisierung des Rechts. Kurseinheit 2: Philosophische Grundlagen des EU-Rechts. Hagen, Kurs 3388 der FernUniversität in Hagen, 2000, S. 73ff.

[83] LÜBBE (2004a), a.a.O., S. 311.

[84] HABERMAS/RATZINGER (2005a), a.a.O., S. 55.

[85] HABERMAS (2005c), a.a.O., S. 256.

[86] HABERMAS, Jürgen: Die Neue Unübersichtlichkeit. Frankfurt am Main, Suhrkamp, 1985, S. 50.

3.2 Funktion, Wirkung und Bedeutung der Zivilreligion

gehören die traditionalistische Erneuerung religiösen Bewusstseins und die religiöse Absicherung der staatlichen Macht, der politischen Ordnung und der Bürgermoral, z.B. mittels einer bürgerlichen Religion oder Zivilreligion. Neokonservative fordern, so HABERMAS, eine bürgerliche Religion, *um die private Lebenswelt für die persönlichen Belastungen zu entschädigen und gegen den Druck von Konkurrenzgesellschaft und beschleunigter Modernisierung abzufedern.*[87] Seine Kritik an der Bewältigung von Kontingenzerfahrung durch Zivilreligion und damit an der Konzeption LÜBBEs wird hier besonders deutlich. Für ihn *haben die deutschen Neokonservativen oft nur eines im Blick: die sozialintegrative Funktion einer Glaubensüberlieferung, die sich als substantielle von Begründungsforderungen freigesetzte Tradition vorstellen.*[88] Dieser Weg der Moderne zurück in die Tradition ist nach HABERMAS nicht akzeptabel. Denn in der Moderne muss sich der Staat aus sich selbst heraus legitimieren, ohne Rückgriff auf Religion, sei sie kirchlich verfasst oder zivil. Der entscheidende Unterschied zwischen einer religiösen und prozeduralen Legitimation besteht jedoch darin, dass die erste auf Autoritäten rekurriert, die gegen alle Einwände immunisiert sind, während die zweite kritik- und revisionsfähig ist.

HABERMAS erkennt nicht nur im Neokonservatismus eine Ursache für das Wiedererstarken der Religion, sondern auch in der radikalen Rationalitäts- und Vernunftkritik, welche die Vernunft selbst für die Pathologien der Moderne verantwortlich macht. Der neokonservative Wunsch nach Wiederbelebung der Religion verbindet sich also *mit modernitätskritischen Antrieben und entsprechenden politischen Absichten.*[89] HABERMAS zeigt dagegen, dass es keinen vernünftigen Grund gibt, die Moderne aufzugeben und unter den Begriffen *Gegenaufklärung*[90] oder *Postmoderne*[91] eine Rückkehr zur Tradition und damit zu

---

[87] Ebd., S. 154.
[88] Ebd., S. 52f.
[89] HABERMAS (2005c), a.a.O., S. 253.
[90] HABERMAS (1985), a.a.O., S. 182.
[91] Ebd., S. 145.

3 LÜBBE: Religion als Kontingenzbewältigung - Die moderne Version der Zivilreligion

religiösen Wahrheiten zu fordern. HABERMAS verfolgt stattdessen konsequent das Programm der Fortsetzung der Moderne im Sinne der Aufklärung. Seine Konzeptionen zur Moderne und zur Religion sind ausnahmslos der Aufklärung verpflichtet und damit einem postmetaphysischen und postreligiösen Denken (Abs. 4.1). *Diese Absicht spricht nicht für eine Wiederverzauberung, sondern für das Reflexivwerden einer Moderne, die sich über ihre eigenen Grenzen aufklärt.*[92] Aus dieser Kritik HABERMAS' am Neokonservatismus und am Konzept der Postmoderne wird besonders eines deutlich: Seine Argumente gegen den Neokonservatismus und die Postmoderne sind, ohne dass er es explizit erwähnt, immer zugleich auch Argumente gegen die Konzeption LÜBBEs.

LÜBBE widerspricht dieser Argumentation, indem er die Kritikpunkte umkehrt. So bedeutet für ihn gerade das Festhalten an den Idealen der Aufklärung die Rückkehr zu einer Tradition, die dem Bild einer religiös geprägten Moderne nicht entspricht. *Aufklärungstraditionalisten, die den Prozeß kultureller und politischer Modernisierung als einen Vorgang des Rückzugs der Religion aus dem öffentlichen Leben wahrnehmen, neigen entsprechend dazu, die neue weltpolitische Präsenz der Religion für einen Effekt von Modernisierungswiderständen zu halten, die kurz vor ihrem absehbaren Zusammenbruch noch einmal heftiger werden. Im Endeffekt hätten wir somit den Frieden einer vollsäkularisierten Welt zu erwarten.*[93] Diese Kritik wendet sich unmittelbar gegen HABERMAS' Religionskonzeption, auch wenn LÜBBE ihn ebenfalls nicht namentlich nennt. Denn HABERMAS hält zumindest in seinen Frühwerken ein Obsoletwerden der Religion durch die Säkularisierung für denkbar (Kapitel vier). LÜBBEs Kritik ist aber nur zum Teil berechtigt, da HABERMAS in seinen jüngsten Werken von einer postsäkularen Moderne spricht, in der auch der Religion und der Zivilreligion eine gewisse Bedeutung zukommen. Denn *im Rahmen etablierter Verfassungsstaaten erfüllen Kirchen und Religionsgemeinschaften im Allgemeinen Funktionen, die*

---

[92] HABERMAS, Jürgen: Die Zukunft der menschlichen Natur. Auf dem Weg zu einer liberalen Eugenik? 4. erweiterte Auflage. Frankfurt am Main, Suhrkamp, 2002c, S. 51.
[93] LÜBBE (2005), a.a.O., S. 179f.

3.2 Funktion, Wirkung und Bedeutung der Zivilreligion

nicht unwichtig sind für die Stabilisierung und Entfaltung einer liberalen politischen Kultur. Das gilt insbesondere für die in der amerikanischen Gesellschaft stark ausgeprägte Zivilreligion.[94] Diese Aussage kann als eine Annäherung HABERMAS' an das Konzept LÜBBEs gedeutet werden. Es wäre aber falsch, aus dieser Aussage zugleich die Notwendigkeit der Religion oder Zivilreligion zu implizieren. Denn aus bloß möglichen Funktionen der Religion, so nützlich, pragmatisch und bedeutungsvoll diese Funktionen auch sein mögen, kann nicht mit Gründen auf die Notwendigkeit der Religion geschlossen werden. LÜBBEs These der Notwendigkeit der Religion findet im Religionskonzept HABERMAS' keine Bestätigung (Kapitel vier).

LÜBBEs Kritik wendet sich aber nicht nur gegen HABERMAS' Theorie der Religion, sondern auch gegen die Religionsphilosophie KANTs, in der Religion vollständig auf Moral reduziert wird. Bei dieser Reduktion handelt es sich nach LÜBBE *um ein Aufklärungserbe, das unüberboten kraß in Kants Religionsdefinition sich ausspricht, wonach es sich bei der Religion um die „Erkenntnis aller unserer Pflichten als göttlicher Gebote" handeln soll. Die Identifizierung von Religion und Moral ist für Säkularisierungsvorgänge besonders signifikant, weil sie religionsfreundlich daherkommt und gerade in dieser Freundlichkeit religionskulturrevolutionär den Blick auf die Wirklichkeit der Religion verfehlt.*[95] LÜBBE erhebt *Einspruch gegen die Meinung, Säkularisierungsprozesse [...] seien religionskulturell eo ipso unvermeidliche Folgen wissenschaftlicher, technischer und sozialer Modernisierungsvorgänge, die die Religion schwach und somit politisch unerheblich machen.*[96] LÜBBE vertritt also die These, dass Modernisierung und Säkularisierung nicht notwendig miteinander einhergehen. Säkularisierung bedeutet für ihn nicht ein weniger, sondern ein Mehr an Religion. Die Säkularisierung ist für ihn folglich ein Prozess, der *das religiöse Leben begünstigt statt*

---
[94] HABERMAS (2005c), a.a.O., S. 130.
[95] LÜBBE (2005), a.a.O., S. 181f.
[96] Ebd., S. 182.

3 LÜBBE: Religion als Kontingenzbewältigung - Die moderne Version der Zivilreligion

es aufzulösen.[97] Der Kontrast zu HABERMAS, der zumindest in seinen Frühwerken ein Obsoletwerden der Religion durch einen fortschreitenden Aufklärungs- und Säkularisierungsprozess für denkbar hält (Kapitel vier), wird hier besonders deutlich. LÜBBE behauptet eine *säkularisierungsresistente Modernität*[98] und nennt die USA als verifizierendes Beispiel. Sicherlich könnte man noch weitere Beispiele nennen wie Irland und Polen sowie auch viele nichtwestliche Länder. Alle diese Beispiele können aber LÜBBEs These nicht begründen. Denn sie sind nur empirische, kontingente und partikuläre Beobachtungen und als solche haben sie nicht die argumentative Kraft, die allgemeine Geltung einer Behauptung logisch stringent zu erweisen. Das Phänomen *der in der Tat unübersehbar zivilreligiös konnotierten amerikanischen Politik*[99] ist in diesem Sinne also nur ein empirischer Beleg für die *politischen Potentiale der Religion*[100], nicht aber ein Beweis der Notwendigkeit der Religion für Politik und Staat.

Worin bestehen die Gründe für LÜBBEs und HABERMAS' nahezu konträren Positionen hinsichtlich der Bedeutung der Religion in der Moderne? Wie lässt sich die Antinomie ihrer Thesen auflösen? Die Gründe dieser Antinomie wurzeln einerseits in einer falschen Beurteilung der Revitalisierung der Religion und andererseits in einem falsch verstandenen Verhältnis von Modernisierung und Säkularisierung. Im Abs. 4.1.3 werden diese Gründe unter dem Titel *Modernisierung-Säkularisierungsthese contra Revitalisierung der Religion* entfaltet. Das daraus gewonnene Ergebnis wird anschließend für die vier in der Einleitung skizzierten Thesen zur Bedeutung der Religion in der Moderne fruchtbar gemacht (Kapitel fünf).

---

[97] Ebd., S. 201.
[98] Ebd., S. 182.
[99] Ebd., S. 196.
[100] Ebd., S. 196f.

3.3 Rechtsphilosophische Reflexion

Rechtsphilosophisch stellt sich vor allem das Problem der Kompatibilität von Zivilreligion und Religionsfreiheit. Aus bundesdeutscher Perspektive äußert sich dieses Problem in der fraglichen Konformität des Präambelgottes mit der Neutralitätspflicht des Staates und dem Grundrecht auf Religionsfreiheit (GG Art. 4 Abs. 1; Art. 3 Abs. 3; Art. 33 Abs. 3). Dieses umfasst nämlich auch das Recht, atheistisch keinen Glauben zu haben, was aber zu einem Konflikt führt. Denn was heißt es, wenn der Atheist *unter einer Verfassung zu existieren gezwungen ist, die sich als in Verantwortung vor Gott gegeben im Gesetzestext selbst deklariert*[101]? Was bedeutet für Atheisten, *ihr Recht sich gottlos zu erklären, sei ihnen in „Verantwortung vor Gott" konstituiert worden*[102]?

Das häufige Argument, ohne Gott fehle den Menschen die geistige Orientierung, schlägt fehl, da es logisch die Orientierungslosigkeit aller Nichtgläubigen als nachweislich falschen Allsatz impliziert. Mit dem Präambelgott werden also die positiven Gesetze an religiös-moralische Prämissen geknüpft, die nicht von jedem Bürger des politischen Gemeinwesens geteilt werden. Die Lösung dieses Dilemmas kann nur darin bestehen, dass wir entweder dem Präambelgott nur eine indifferente symbolische aber keine rechtliche Bedeutung zuweisen oder uns, wie HABERMAS fordert, *auf die Prämissen des Verfassungsstaates einlassen, die sich aus einer profanen Moral begründen.*[103] Schließlich ist für Gläubige der Hinweis auf Gott als letzte Verantwortungsinstanz ohnehin überflüssig, da sie dieser Verantwortung bereits aufgrund ihrer religiösen Überzeugung gerecht werden. Und für Atheisten ist die Nennung Gottes schlichtweg sinnlos, da für sie Gott nicht existiert. Es stellt sich damit die Frage: Brauchen wir de facto eine

---

[101] LÜBBE (2004a), a.a.O., S. 316.
[102] Ebd., S. 314.
[103] HABERMAS (2001b), a.a.O., S. 14.

3 LÜBBE: Religion als Kontingenzbewältigung - Die moderne Version der Zivilreligion

Religion oder Zivilreligion als Vermittlerin von Moral und als Instrument der Identitätssicherung und Machtlegitimation? Haben wir als Bürger der Moderne Religion nötig? Diese Fragen werden im Kapitel fünf beantwortet.

3.4 HABERMAS' KRITIK AN LÜBBES FUNKTIONALISIERUNG DER RELIGION

LÜBBE weist der Religion, so das Ergebnis unserer bisherigen Auseinandersetzung mit seiner Konzeption, mannigfaltige zweckgerichtete Funktionen zu und begründet mit der individuellen und gesellschaftlichen Notwendigkeit dieser Funktionen zugleich die Notwendigkeit der Religion. Diese Funktionen der Religion sind, nach einer Interpretation von Jürgen MITTELSTRAß (*1936), vor allem als *rituelle ›Kontingenzbewältigungspraxis‹ bestimmt, die angesichts der unaufhebbaren Unverfügbarkeiten der menschlichen Situation von der Religionskritik der Aufklärung unberührt*[104] *bleiben.*
HABERMAS kritisiert in seinem umfangreichen Gesamtwerk immer wieder diesen religiösen Funktionalismus, da dieser ebenso wie der Neokonservatismus eine Rückkehr zur religionsbewussten Tradition fordert und damit den Modernisierungsprozess letztendlich aufgibt. Diese Kritik wendet sich damit zugleich gegen die Konzeption LÜBBEs, auch wenn er sie zumeist nicht explizit nennt. Eine der wenigen Ausnahmen findet sich in seinem 1985 erschienenen Buch *Die neue Unübersichtlichkeit.* Hier wendet sich HABERMAS direkt gegen den religiösen Funktionalismus LÜBBEs: *Diese funktionalistische Deutung der Religion als einer »Kontingenzbewältigungspraxis« hält Lübbe gerade deshalb für einen Vorzug, weil sie den Aspekt der Gültigkeit des religiösen Glaubens ausblendet: »Die funktionale Definition erlaubt ... die Schwierigkeiten einer hermeneutischen Vergegenwärtigung des dauernden Sinns ihrer alten Lehren weitgehend auf sich beruhen zu lassen. Die Funktion in einem praktischen Lebenszusammenhang ist*

---

[104] MITTELSTRAß, a.a.O., S. 584.

3.4 Habermas' Kritik an Lübbes Funktionalisierung der Religion

nichts, was wir als ›wahr‹ oder ›falsch‹ prädizieren würden. Vielmehr nennen wir Funktionserfüllungen praktischer Art ›zweckmäßig‹ oder ›unzweckmäßig‹.«[105] Aber Traditionen erweckt man nicht dadurch wieder zum Leben, dass man zeigt, was sie Gutes bewirken könnten.[106] HABERMAS' Kritik an LÜBBE ist demzufolge, dass die allein zweckgerichtete Funktionalisierung de facto die wesentlichen Gehalte der Religion ausblendet, wodurch sie für die Moderne schließlich unabwendbar verloren sind. HABERMAS hält stattdessen nicht die Funktionen der Religion für das Wesentliche, sondern ihre kognitiven Gehalte. Damit ist aber gerade derjenige Aspekt, den LÜBBE als den Vorzug seines Konzeptes behauptet, für HABERMAS ein Makel. Denn eine *Ausdifferenzierung zu einem [...] auf Kontingenzbewältigung spezialisierten gesellschaftlichen Subsystem, würde die Religion nur um den Preis der vollständigen Neutralisierung Ihrer Erfahrungsinhalte stabilisieren.*[107]

Entgegen LÜBBE verfolgt HABERMAS nicht das Ziel, die partikulären *alten Lehren weitgehend auf sich beruhen zu lassen* (s.o.), sondern diese durch Versprachlichung in das Gesamtsystem der Moderne zu überführen, wo sie dann ihren Nutzen in profaner Gestalt allgemein und nicht bloß partikulär entfalten können (siehe Kapitel vier). Genau dies aber kann eine Funktionalisierung der Religion im Sinne LÜBBEs nicht leisten. *Denn der Glaube, der sich funktional begründet, destruiert sich selbst.*[108] Dies ist eine deutliche Kritik an LÜBBE, der genau diesen Weg mit seiner Konzeption der Kontingenzbewältigung durch Religion einschlägt. Der religiöse Funktionalismus begrenzt die Religion auf ein

---

[105] Dieses von HABERMAS aufgenommene Zitat ist aus: LÜBBE, Hermann: Philosophie nach der Aufklärung. Von der Notwendigkeit pragmatischer Vernunft. Düsseldorf, Econ, 1980, S. 69. Alle Hervorhebungen und Auslassungen in diesem Zitat wurden von HABERMAS vorgenommen.

[106] HABERMAS (1985), a.a.O., S. 53.

[107] HABERMAS, Jürgen: Texte und Kontexte. 2. Auflage. Frankfurt am Main, Suhrkamp, 1992, S. 147.

[108] HABERMAS, Jürgen: Vom sinnlichen Eindruck zum symbolischen Ausdruck. Frankfurt am Main, Suhrkamp, 1997, S. 130.

3 LÜBBE: Religion als Kontingenzbewältigung - Die moderne Version der Zivilreligion

instrumentalisiertes, partikuläres Dasein in einem gesellschaftlichen Subsystem, ohne universelle Bedeutung für die Moderne als Ganzes gewinnen zu können.

Trotz seiner scharfen Kritik an der Funktionalisierung der Religion führt HABERMAS dennoch selbst immer wieder Funktionen auf, z.b. die Trostfunktion (Abs. 4.2.2), die ihm zufolge nur durch Religionen geleistet werden können. Der Grund für diese Ambivalenz wird im folgenden Kapitel, das die kritische Auseinandersetzung mit HABERMAS' Konzeption der Religion zum Ziel hat, entfaltet.

4 HABERMAS: RELIGION IM UMFELD DER THEORIE DES KOMMUNIKATIVEN HANDELNS

> *Das nachmetaphysische Denken bestreitet keine bestimmten theologischen Behauptungen, es behauptet vielmehr deren Sinnlosigkeit.*
> Jürgen Habermas 1992.

Jürgen HABERMAS' Überlegungen zur Religion sind fest verknüpft mit seiner Theorie des kommunikativen Handelns und der ihr inhärenten Subtheorien wie die Diskurstheorie, die Konsenstheorie der Wahrheit und die Theorie der Moderne. Ohne ein Verständnis dieser Theorien, können seine im Gesamtwerk verstreuten Gedanken zur Religion nicht zu einem Gesamtbild oder einer Gesamtkonzeption zusammengefügt und verstanden werden. Es ist daher in den folgenden Abschnitten unabdingbar, erstens die Verortung der Religion in seinem Theoriengebäude aufzuzeigen und zweitens seine Theorien zumindest so weit zu explizieren, wie es für ein Verständnis seiner Thesen zur Religion erforderlich ist. Es geht also zunächst darum, seine *nicht systematisch ausgearbeitete Religionstheorie*[1] in einen systematischen Zusammenhang zu bringen, d.h. eine *konstruierende Puzzlearbeit*[2] zu leisten. Dabei stehen jedoch wieder die kritische Auseinandersetzung und die Kontrastierung seiner Thesen mit denen von LÜBBE und den vier in der Einleitung vorgestellten Thesen im Vordergrund.

HABERMAS' Denken ist, wie er selbst immer wieder betont, ein post- oder nachmetaphysisches Denken, das sich streng an wissenschaftlichen Maßstäben orientiert. Hierzu gehören das methodische, systematische und rationale Vorgehen sowie die prinzipielle intersubjektive Überprüfbarkeit.[3] Ein Rekurs auf meta-

---
[1] ARENS, Edmund (Hrsg.): Kommunikatives Handeln und christlicher Glaube. Ein theologischer Diskurs mit Jürgen Habermas. Paderborn, Schöningh, 1997, S. 9.
[2] HABERMAS (1985), a.a.O., S. 207.
[3] Im Jahre 1973 wurden diese wissenschaftstheoretisch fundierten Maßstäbe auch Inhalt eines Urteils des Bundesverfassungsgerichtes (BverfGe 35,79 - Hochschul-Urteil). Der Begriff *wissenschaftliche Tätigkeit* wird dort bestimmt als *alles, was nach Inhalt und Form als*

physische oder religiöse Weltbilder ist dadurch verwehrt. Welche Bedeutung die Religion in diesem strikt wissenschaftlichen Rahmen noch haben kann und unter welchen Bedingungen, wird im Abschnitt 4.1 analysiert. HABERMAS kritisiert die Funktionalisierung der Religion und wendet sich damit gegen die durch LÜBBE vertretene funktional-religiöse Kontingenzbewältigungspraxis. Diese Kritik führt ihn aber nicht zu dem Schluss, dass es gar keine nützlichen Funktionen der Religion gäbe. Vielmehr weist auch HABERMAS Lebenssituationen und Kontingenzen nach, in denen scheinbar nur die Religion mit ihren Weltbildfunktionen Unterstützung geben kann (Abs. 4.2). Sie ist aber stets nur der letzte Ausweg, denn nach HABERMAS ist es zuallererst die Vernunft, die diese Aufgabe zu erfüllen hat. Der Umfang an Funktionen, die er der Religion zuspricht, ist deshalb weitaus kleiner als in der Konzeption LÜBBEs. Dies zeigt sich gerade bei der Bedeutung der Religion für Politik und Staat. Denn Probleme der Legitimation von Recht, politischer Ordnung und staatlicher Macht sowie der gesellschaftlichen Integration, Identität und Solidarität sind nach HABERMAS weitestgehend durch die kommunikative Vernunft zu lösen. Religiöse oder zivilreligiöse Letztbegründungen, wie sie LÜBBE konzipiert, implizieren nach HABERMAS eine unnötige Rückkehr der Moderne in die religionsfundierte Tradition (Abs. 4.3). Die Bedeutung der Religion in der Moderne gründet nach HABERMAS vor allem in ihrem Potential einen Lernprozess zu initiieren, der aber in erster Linie nicht dem Ziele der allgemeinen Bildung, sondern der Selbstkritik und der Reflexion verpflichtet ist (Abs. 4.4). HABERMAS rekurriert sein Religionskonzept in wesentlichen Teilen auf KANT. So betont er, ebenso wie KANT, den Vorrang der Vernunft vor der Religion und reduziert die Religion zuallererst auf die Moral. Dennoch trennen ihre beiden Positionen deutliche Unterschiede, die vor allem darin gründen, dass HABERMAS' postmetaphysisches Denken durch den linguistic turn der Philosophie geprägt ist. So gründen seine Theorien unverkennbar auf

---

ernsthafter planmäßiger Versuch zur Ermittlung der Wahrheit anzusehen ist. Der Begriff *Forschung* wird bestimmt als *"die geistige Tätigkeit mit dem Ziele, in methodischer, systematischer und nachprüfbarer Weise neue Erkenntnisse zu gewinnen"*.

4.1 Bedeutung der Religion im postmetaphysischen Denken

der analytischen Handlungs- und Sprachphilosophie, deren Begründer Gottlob FREGE, George Edward MOORE und Bertrand RUSSELL, deren Nachfolger Ludwig WITTGENSTEIN, Rudolf CARNAP und John Langshaw AUSTIN und vor allem deren jüngeren Vertreter Willard Van Orman QUINE, Donald DAVIDSON, Hilary PUTNAM und John Rogers SEARLE er immer wieder rezipiert. Für KANT hatte dagegen die Sprache als philosophischer Gegenstand noch keine Bedeutung (Abs. 4.5).

4.1 BEDEUTUNG DER RELIGION IM POSTMETAPHYSISCHEN DENKEN

HABERMAS' postmetaphysisches Denken bestimmt auch seine Überlegungen zur Religion. Denn *nachmetaphysisches*[4] oder *postmetaphysisches Denken*[5] verzichtet auf *Letztbegründung und auf affirmative Deutung des Seienden im ganzen.*[6] Es entbehrt der *ontologischen Begründung, die für Politik und Ethik seit Plato beansprucht worden war.*[7] Die Idee des Einen und Absoluten ist folglich aufgegeben. Das *fallibilistische, aber nicht-defätistische nachmetaphysische Denken*[8] ist für HABERMAS vor allem eines: Kritik. Es ist *kritisch gegen den Totalitätsanspruch von metaphysischer Erkenntnis und religiöser Weltauslegung gleichermaßen.*[9] *Das nachmetaphysische Denken bestreitet keine bestimmten theologischen Behauptungen, es behauptet vielmehr deren Sinnlosigkeit.*[10] Postmetaphysisch ist ergo zugleich auch postreligiös. Damit steht HABERMAS im deutlichen Kontrast zu LÜBBE, dessen Denken noch unbeirrt traditionell und damit religionsorientiert ist. Während LÜBBE der Religion nahezu kritiklos

---

[4] HABERMAS (1988), a.a.O., Titel und S. 35ff.
[5] HABERMAS (2005c), a.a.O., S. 147f.
[6] HABERMAS, Jürgen: Philosophisch-politische Profile. 3. Auflage. Frankfurt am Main, Suhrkamp, 1998, S. 31.
[7] Ebd., S. 29.
[8] HABERMAS (2005c), a.a.O., S. 12.
[9] HABERMAS (1988), a.a.O., S. 31.
[10] Ebd., S. 29.

4 HABERMAS: Religion im Umfeld der Theorie des kommunikativen Handelns

relevante und umfangreiche Funktionen für Mensch, Politik und Staat einräumt und damit letztlich eine Rückwendung zur Tradition fordert, steht HABERMAS der Religion stets kritisch gegenüber. In der Moderne haben religiös-dogmatische Wahrheiten keine universelle Geltung mehr. *Die Wahrheit ist öffentlich*[11] und damit kritisierbar und revidierbar. Nur der rationale Diskurs ist allgemein vertretbar. Die Rückkehr in eine religiös geprägte Tradition ist nach HABERMAS folglich ausgeschlossen. Dies bedeutet aber nicht, dass Religion für postmetaphysisches Denken und damit für die moderne Gesellschaft ohne Relevanz wäre. Denn *das nachmetaphysische Denken verhält sich zur Religion lernbereit und agnostisch zugleich.*[12] Auch wenn es *nicht von der Prämisse eines zugleich allmächtigen und gerechten Gottes ausgeht*[13], so ist es doch mit seiner *radikalen Kritik der Religion die Grundlage für die Aufnahme der utopischen Gehalte auch der religiösen Überlieferung.*[14] Dies bedeutet, es gibt religiöse Gehalte, die aufgrund ihrer Bedeutung in die Moderne übertragen werden sollten. Diese Übertragung kann, das fordert das postmetaphysische Denken, keine Eins-zu-eins-Transformation des Religiösen ins Profane sein. Denn *nachmetaphysisches Denken unterscheidet sich von Religion dadurch, daß es den Sinn des Unbedingten rettet ohne Rekurs auf Gott oder ein Absolutes.*[15]

Die methodische Prämisse, die HABERMAS seinen Überlegungen zur Religion zugrunde legt, ist damit klar umrissen. Sie umfasst das nachmetaphysische Denken und damit die Berücksichtigung von *Sprache, Praxis und Lebensform.* [...] *Ein »Gottesstandpunkt« ist uns verwehrt.*[16] Welche Gehalte und Bedeutungen der Religion unter dieser Prämisse in die Moderne übertragen und damit gerettet werden können, wird in den folgenden Abschnitten analysiert.

---

[11] HABERMAS, Jürgen: Erkenntnis und Interesse. Frankfurt am Main, Suhrkamp, 1973a, S. 128.
[12] HABERMAS (2005c), a.a.O., S. 149.
[13] HABERMAS (1997), a.a.O., S. 105.
[14] HABERMAS (1998), a.a.O., S. 31.
[15] HABERMAS (1992), a.a.O., S. 125.
[16] HABERMAS, Jürgen: Wahrheit und Rechtfertigung. Erweiterte Ausgabe. Frankfurt am Main, Suhrkamp, 2004a, S. 170.

4.1 Bedeutung der Religion im postmetaphysischen Denken

4.1.1 DIE VERSPRACHLICHUNG DES SAKRALEN

Obgleich HABERMAS, aufgrund seiner Verpflichtung zum postmetaphysischen Denken, Letztbegründungen durch Rekurs auf Metaphysik, Religion oder andere Weltbilder verwehrt sind, verfolgt er doch das Ziel, die semantischen, kognitiven Gehalte der Weltbilder in die postmetaphysisch denkende Moderne zu retten. Hierzu gehören u.a. die religiös-metaphysischen Begriffe der Unbedingtheit, der Wahrheit und der Transzendenz. Seinem Ziel liegt somit der Anspruch zugrunde, *wesentliche Gehalte der christlichen Heilserwartung unter Bedingungen nachmetaphysischen Denkens zu rechtfertigen.*[17] Wie erreicht er dieses Ziel?

HABERMAS begründet, dass dieses Ziel einzig über den Weg einer Versprachlichung des Sakralen zu erreichen ist. Denn nur hierdurch wird die partikuläre, kontingente Sprache der Religion, in eine für alle Personen gleichermaßen zugängliche allgemeine, profane Sprache übersetzt. HABERMAS verfolgt demnach die Strategie, *das semantische Potential des heilsgeschichtlichen Denkens in das Universum der begründeten Rede einzuholen.*[18] Denn es *ist nicht auszuschließen, dass sie [die Weltreligionen] semantische Potentiale mit sich führen, die eine inspirierende Kraft für die ganze Gesellschaft entfalten, sobald sie ihre profanen Wahrheitsgehalte preisgeben.*[19] Unter dem Adjektiv „semantisch" oder „kognitiv" subsumiert HABERMAS alle *Gehalte, die sich in einem vom Sperrklinkeneffekt der Offenbarungswahrheiten entriegelten Diskurs übersetzen lassen. In diesem Diskurs zählen nur »öffentliche« Gründe, also Gründe, die auch jenseits einer partikulären Glaubensgemeinschaft überzeugen können.*[20] Hier zeigt sich bereits deutlich der Einfluss des linguistic turn auf sein Denken. Seine Versprachlichung des Sakralen ist eine sprachfundierte atheistische Aneignung der wesentlichen

---

[17] HABERMAS (1997), a.a.O., S. 114.
[18] Ebd., S. 101f.
[19] HABERMAS (2005c), a.a.O., S. 149.
[20] Ebd., S. 255.

4 HABERMAS: Religion im Umfeld der Theorie des kommunikativen Handelns

Gehalte und transzendierenden Elemente der Religion; sie ist sprachorientierter *methodischer Atheismus*[21]. Ganz im Sinne der Sprachphilosophie verlagert HABERMAS das zu lösende Problem in die Ebene der Sprache.

Nach Hermann SCHRÖDTER (*1934) bringt dies *zweifelsfrei eine Reihe von Vorteilen mit sich. Der hervorstechendste und für das analytische Programm attraktivste liegt in ihrer empirischen Greifbarkeit. Sprache ist allgegenwärtig, im gesprochen Wort und in Texten mannigfaltigster Art. Ebenso wichtig wie ihre Greifbarkeit ist die allgemeine Verfügbarkeit von Sprache. Es entstehen keine Kompetenzschwierigkeiten [...]. Hinzu kommt die Notwendigkeit der Sprache für menschliche Existenz. Der Mensch ist fundamental auch sprachliches Wesen.*[22] Sprache, Kommunikation und verständigungsorientiertes, kommunikatives Handeln sind auch nach HABERMAS konstituierende Elemente des menschlichen Daseins und gesellschaftlichen Zusammenlebens. Denn *Gesellschaftssysteme können als Netzwerk kommunikativer Handlungen aufgefaßt werden; Persönlichkeitssysteme lassen sich unter dem Aspekt der Sprach- und Handlungsfähigkeit betrachten.*[23] Dies bedeutet, wir können *aus dem Bannkreis der Sprache nicht heraustreten.*[24] Dies gilt folglich auch für die Übersetzung religiöser Gehalte. Dennoch wäre es falsch, HABERMAS' Religionskonzept als analytische Religionsphilosophie zu deklarieren. Denn es gründet vorrangig auf der aufklärerischen Vernunft und dem postmetaphysischen Denken. Den Leitgedanken der sprachlichen Wende, *die Sprache begrenzt jetzt die Philosophie, wie vorher die Vernunft*,[25] trägt er somit nicht mit.

---

[21] HABERMAS (1992), a.a.O., S. 137ff.
[22] SCHRÖDTER, Hermann: Analytische Religionsphilosophie. Hauptstandpunkte und Grundprobleme. Freiburg, Karl Alber, 1979, S. 236.
[23] HABERMAS (1976), a.a.O., S. 12.
[24] HABERMAS (2004a), a.a.O., S. 315.
[25] SCHRÖDTER, a.a.O., S. 45.

4.1 Bedeutung der Religion im postmetaphysischen Denken

Die Übersetzung des Sakralen ins postmetaphysische Profane ist eine kooperative Aufgabe, die von säkularen Bürgern ebenso zu leisten ist, wie von Gläubigen. Sie ist aber, so argumentiert HABERMAS, vor allem eine Aufgabe der Philosophie. Denn *ohne eine philosophische Transformation irgendeiner der großen Weltreligionen könnte eines Tages dieses semantische Potential unzugänglich werden; dieses [...] ist gewiß eine Aufgabe, von der sich Philosophen nicht ganz dispensiert fühlen dürfen, auch nicht auf die Gefahr hin, sich die zweifelhafte Rolle eines »Sinnvermittlers« zuschreiben lassen zu müssen.*[26] Diese Gefahr besteht vor allem dann, wenn die Philosophie bei ihrer Übersetzungsarbeit die Grenze des methodischen Atheismus übersteigt. *A philosophy that oversteps the bounds of methodological atheism loses its philosophical seriousness.*[27] Dies bedeutet, die postmetaphysische Philosophie muss die strikte Trennung zwischen Glaube und Vernunft respektieren. Sobald diese Grenze *porös wird und sobald religiöse Motive unter falschem Namen in die Philosophie eindringen, verliert die Vernunft ihren Halt und gerät ins Schwärmen.*[28] Die Philosophie kann aber, *in der Rolle eines Übersetzers, moralische, rechtliche und politische Eintracht nur fördern, wenn sie in der legitimen Vielfalt der substanziellen Lebensentwürfe von Gläubigen, Andersgläubigen und Ungläubigen aufklärend, aber nicht als der besserwissende Konkurrent auftritt.*[29] Aus diesem Zitat wird besonders deutlich, dass HABERMAS die Aufgabe der Übersetzung nicht nur auf religiöse Weltentwürfe begrenzt, sondern auf Weltbilder und Weltanschauungen von *Andersgläubigen und Ungläubigen* ausdehnt (Abs. 4.2).

Die Versprachlichung des Sakralen ist, so begründet HABERMAS, Teil einer historischen Entwicklung, die den Weg vom Mythos zu einer Weltreligion und

---

[26] HABERMAS (1988), a.a.O., S. 23.
[27] HABERMAS, Jürgen: Religion and Rationality. Essays on Reason, God, and Modernity. Cambridge, MIT Press, 2002, S. 160.
[28] HABERMAS (2005c), a.a.O., S. 252.
[29] Ebd., S. 249.

4 HABERMAS: Religion im Umfeld der Theorie des kommunikativen Handelns

schließlich vom religiös-metaphysischen Weltbild zum modernen Weltverständnis aufzeigt[30]. Die einzelnen Entwicklungsschritte sind eng miteinander verknüpft, denn sie folgen, so HABERMAS, einer *inneren Logik*[31] oder *nachkonstruierbaren Entwicklungslogik*[32]. Diese Logik bedeutet eine Art *Zwang zur kommunikativen Verflüssigung von Tradition*[33] und folglich auch zur sprachlichen Verflüssigung religiöser Lehren. Die rationale Struktur der Versprachlichung des Sakralen[34] impliziert, dass sie notwendig mit einer Rationalisierung und folglich mit einer *Entzauberung religiös-metaphysischer Weltbilder*[35] einhergeht, was schließlich *zu einem modernen Weltverständnis führt.*[36]

Es ist das kognitive Potential der Religion, das durch die Versprachlichung ins Profane übersetzt und dann von der modernen Gesellschaft genutzt werden kann. Genau hierin liegt eine der wesentlichen Bedeutungen der Religion für die posttraditionale Moderne. *Das kognitive Potential, das mit den konsequent durchrationalisierten Weltbildern entsteht, kann in den traditionalen Gesellschaften, innerhalb deren sich der Entzauberungsprozeß vollzieht, noch nicht wirksam werden. Es wird erst in modernen Gesellschaften entbunden. Dieser Vorgang der Implementierung bedeutet die Modernisierung der Gesellschaft.*[37] HABERMAS versteht also die *Modernisierung der Gesellschaft als Rationalisierung*[38], wobei die der Sprache inhärente Rationalität eine besondere Rolle zukommt. Die Moderne ist ergo vor allem durch zwischenmenschliche Kommunikation geprägt, die sich durch Argumentation, Diskurs, Intersubjektivität und Konsens auszeichnet.

---

[30] Vgl.: HABERMAS, Jürgen: Theorie des kommunikativen Handelns, Band 1, 4. Auflage. Frankfurt am Main, Suhrkamp, 1987a, S. 104ff.
[31] HABERMAS (1987b), a.a.O., S. 133.
[32] HABERMAS (1976), a.a.O., S. 330.
[33] Ebd., S. 120.
[34] HABERMAS (1987b), a.a.O., S. 118ff.
[35] HABERMAS (1987a), a.a.O., S. 263.
[36] Ebd., S. 250.
[37] Ebd., S. 299.
[38] HABERMAS (1987b), a.a.O., S. 130.

4.1 Bedeutung der Religion im postmetaphysischen Denken

Durch die Versprachlichung des Sakralen bzw. durch die Übersetzung des Sakralen ins postmetaphysische Profane *verwandelt sich die religiöse Glaubensgemeinschaft, die gesellschaftliche Kooperation erst möglich macht, zu einer unter Kooperationszwängen stehenden Kommunikationsgemeinschaft.*[39] Weltbildrationalisierung durch Versprachlichung bedeutet nach HABERMAS primär eine *Ethisierung der Weltbilder*[40], die in modernen Gesellschaften in Moraltheorien münden, die frei von Letztbegründungen sind. Denn *die bürgerliche Moral genügt sich selbst.*[41] KANTs Einfluss auf HABERMAS wird hier besonders deutlich. Denn ebenso wie KANT verfolgt auch HABERMAS - vor allem in seinen Frühwerken - das Ziel der vollständigen Reduktion der Religion auf die Moral (Abs. 4.5). Entgegen KANT, für den Sprache noch kein Element der Philosophie war, wählt aber HABERMAS hierzu den Weg der Versprachlichung und überführt die religiös-moralischen Gehalte in eine Diskursethik und damit in eine sprachlich fundierte Welt. Praktische Fragen werden damit grundsätzlich wahrheitsfähig und können daher diskursiv behandelt werden. Dies bedeutet, ein Rekurs auf religiöse Quellen oder Autoritäten ist unnötig. *Die zur Diskursethik entfaltete, kommunikativ verflüssigte Moral kann in dieser Hinsicht die Autorität des Heiligen substituieren.*[42] Dies ist unverkennbar erneut eine deutliche Kritik an LÜBBE, der Gott als letzte moralische Instanz behauptet. Doch für diese Behauptung, *daß sich ein Moralbewußtsein auf posttraditionaler Stufe ohne religiöse Einbettung nicht stabilisieren könne, fehlen,* so HABERMAS, *[...] die systematischen Gründe.*[43]

Die Versprachlichung des Sakralen entspricht einer sukzessiven *kommunikativen Verflüssigung des religiösen Grundkonsenses*[44] und damit einer Umwandlung

---

[39] Ebd., S. 139.
[40] HABERMAS (1987a), a.a.O., S. 285.
[41] Ebd., S. 316.
[42] HABERMAS (1987b), a.a.O., S. 140.
[43] HABERMAS (1987a), a.a.O., S. 317.
[44] HABERMAS (1987b), a.a.O., S. 126 u. 131.

4 HABERMAS: Religion im Umfeld der Theorie des kommunikativen Handelns

dogmatisch-religiöser Begriffe in kritisierbare profane. So wird die religiöse Sühne zur profanen Strafe im Sinne des Strafrechts. Und *die Aura des Entzückens und Erschreckens, die vom Sakralen ausstrahlt, die bannende Kraft des Heiligen wird zur bindenden Kraft kritisierbarer Geltungsansprüche zugleich sublimiert und veralltäglicht.*[45] In einem Interview führt er weitere Beispiele auf: *That God created man in his own image is a wording of lasting influence. The modern idea of human dignity [...] is inspired by this image of all human beings created "in the likeness of God." A similar connection exists (for example) between the individuating force of a life history, for which each person is responsible, and the expectation of the Last Judgement. In our culture the loaded meaning of an "individual", that is of a unique and irreplaceable person, has Biblical origins. Why should this rich semantic potential not continue to inform our secular culture in the future, too?*[46] Hieraus wird deutlich, dass die Moderne ausgeprägte religiöse Wurzeln hat, die der Religion in der Moderne zumindest eine kontingent-historische Bedeutung geben. HABERMAS und LÜBBE stimmen darin überein, dass diese Wurzeln auch in der Moderne zu einer Entfaltung kommen, die nicht nur historisch bestimmt ist. Während aber LÜBBE die Religion mittels einer Funktionalisierung in die Moderne rettet, begründet HABERMAS, dass sie nur durch eine Versprachlichung ihrer kognitiven Gehalte in die Moderne übertragen und damit einer allgemeinen und nicht bloß partikulären Bedeutung zugeführt werden kann. In diesem Sinne übersetzt er den traditionalen Rekurs auf eine religiös-metaphysische Transzendenz im Jenseits, in einen postmetaphysischen und postreligiösen Rekurs auf eine *Transzendenz von innen, Transzendenz ins Diesseits*.[47]

---

[45] Ebd., S. 119.
[46] HABERMAS, Jürgen: Spotlight on public role on religion. The San Diego Union-Tribune. In: http://www.signonsandiego.com/uniontrib/20050303/news_lz1c3role.html. Stand: Juli 2009. Interview vom 3. März 2005b.
[47] HABERMAS (1992), a.a.O., S. 127ff.

4.1 Bedeutung der Religion im postmetaphysischen Denken

4.1.2 TRANSZENDENZ VON INNEN

HABERMAS' Versprachlichung des Sakralen steht unter zwei Prämissen. Die erste fordert, wie oben dargelegt, ein konsequent postmetaphysisches Denken, die zweite, *eine Säkularisierung, die nicht vernichtet.*[48] Wie ist dieser Spagat möglich? Er ist möglich, wenn es gelingt, die kognitiven Gehalte der Religion in die Moderne zu überführen, ohne auf religiös-metaphysische Letztbegründungen, z.B. auf Gott, zu rekurrieren. Diese Forderung gilt somit auch für die sprachliche Transformation des religiös-metaphysischen Begriffes der Transzendenz, mit der zugleich auch KANTs Vernunftidee Gottes in die Ebene einer allgemein zugänglichen Sprache überführt wird. Entgegen KANTs praktischer Vernunft kann HABERMAS' kommunikative Vernunft weder das Dasein Gottes noch irgendeine andere Transzendenz im Jenseits postulieren. *Diskursiv nachvollziehen kann sie nur eine Transzendenz von innen.*[49] Sie ist folglich ein Ergebnis der oben explizierten Übersetzung des Sakralen ins Profane.

In der innerweltlichen Ebene der sprachlichen Kommunikation und des verständigungsorientierten, kommunikativen Handelns repräsentiert die Transzendenz von innen das Ideal einer unbegrenzten Kommunikations- oder Sprechergemeinschaft und damit eine regulative Idee, welche die Kommunikations- und Diskursbedingungen festschreibt. Hierzu gehören nach HABERMAS die vollständige gegenseitige Perspektivenübernahme, die gleichmäßige und vollständige Inklusion aller, eine unversehrte Intersubjektivität, die gegenseitige Einbeziehung von Fremden, der zwanglose Zwang des besseren Arguments, eine ideale Sprechsituation sowie eine öffentliche, uneingeschränkte und herrschaftsfreie Diskussion. Diese Ideale der Transzendenz von innen liegen außerhalb des praktisch Erreichbaren, aber nicht, wie ein transzendenter Gott, außerhalb der Welt. *Die sprachliche Intersubjektivität überschreitet die Subjekte, aber ohne sie hörig zu*

---

[48] HABERMAS (2001b), a.a.O., S. 29.
[49] HABERMAS (2005c), a.a.O., S. 252.

4 HABERMAS: Religion im Umfeld der Theorie des kommunikativen Handelns

machen.[50] Ebenso wie diese, so fungieren auch alle anderen Kommunikations- und Diskursbedingungen als innerweltliche regulative Ideen. Wenn die moderne Gemeinschaft in vernünftiger Kooperation beständig danach strebt, die Kommunikationsbedingungen zu verbessern, dann kann sie sich sukzessive den Idealen der Transzendenz von innen nähern, z.b. *dem Limes vollständiger Inklusion.*[51] Nach HABERMAS ist die Transzendenz von innen einer jeden Sprache immanent. *Wer sich einer Sprache verständigungsorientiert bedient, ist einer Transzendenz von innen ausgesetzt.*[52] Allein darin liegt der Grund, dass die Versprachlichung der jenseitigen Transzendenz gelingt. Denn *im Logos der Sprache verkörpert sich eine Macht des Intersubjektiven, die der Subjektivität der Sprecher voraus- und zugrunde liegt.*[53] Wir sind uns dieser Macht der *ins Diesseits gerichteten Transzendenz von innen bewußt; aber sie vermag nicht, uns der Gegenbewegung einer ausgleichenden Transzendenz aus dem Jenseits zu vergewissern.*[54]

Die Transformation des Begriffs der Transzendenz verdeutlicht, wie HABERMAS die Übersetzung partikulärer religiös-metaphysischer Begriffe in eine säkularisierte und damit in eine moderne, allgemeine Sprache denkt. Nach HABERMAS geht die Modernisierung mit einer sukzessiven Säkularisierung durch Versprachlichung des Sakralen einher. Diese These impliziert die Prognose, dass die Religion nach vollständiger Übersetzung ihrer Gehalte eines Tages obsolet wird. Dieser Schluss steht im Widerspruch zu LÜBBEs These der Notwendigkeit der Religion, denn Notwendiges kann nicht obsolet werden. Auch die gegenwärtige Revitalisierung der Religion scheint ihrem Obsoletwerden zu widersprechen, was HABERMAS schließlich zu Zweifeln veranlasst. So stellt er in seinen jüngsten Werken fest, dass die fortschreitende Modernisierung zumindest gegenwärtig

---

[50] HABERMAS (1992), a.a.O., S. 125.
[51] HABERMAS (2004a), a.a.O., S. 328.
[52] HABERMAS (1992), a.a.O., S. 125.
[53] HABERMAS (2002c), a.a.O., S. 26.
[54] HABERMAS (1992), a.a.O., S. 142.

4.1 Bedeutung der Religion im postmetaphysischen Denken

nicht mit einer ebenfalls gleichermaßen fortschreitenden Säkularisierung einhergeht, sodass es angebracht scheint, von einer *„entgleisenden" Säkularisierung der Gesellschaft*[55] zu sprechen. Im folgenden Abschnitt wird versucht, diesen Widerspruch aufzulösen.

4.1.3 MODERNISIERUNG-SÄKULARISIERUNGSTHESE CONTRA REVITALISIERUNG DER RELIGION

In seinem 1981 veröffentlichten Hauptwerk *Theorie des kommunikativen Handelns*, das HABERMAS selbst als ein *hoffnungslos akademisches Buch*[56] bezeichnet, expliziert er die gesellschaftliche Modernisierung als einen Prozess, der mit einer fortschreitenden Säkularisierung verbunden ist. Diese Behauptung, die im Folgenden als Modernisierung-Säkularisierungsthese tituliert wird, lässt die bereits oben skizzierte Implikation zu, dass gegen Ende der gegenwärtig noch andauernden Modernisierung die Religion tatsächlich verschwindet. Diese Implikation mag der Grund dafür sein, dass HABERMAS von der gegenwärtigen *Wiederbelebung religiöser Kräfte*[57] weitaus mehr überrascht ist als LÜBBE, der schon immer die Unersetzlichkeit der Religion für Mensch und Staat behauptete. In seinem 2005 erschienenen Buch *Zwischen Naturalismus und Religion* spricht HABERMAS daher von *einer unerwarteten Revitalisierung wie auch der weltweiten Politisierung von Glaubensgemeinschaften und religiösen Überlieferungen.*[58] Besonders unerwartet ist für ihn die wachsende Bedeutung der Religion in den Vereinigten Staaten Amerikas: *Überraschender ist die politische Revitalisierung der Religion im Inneren der USA, also der westlichen Gesellschaft, worin sich die Modernisierungsdynamik am erfolgreichsten entfaltet.*[59] In einem frühe-

---

[55] HABERMAS/RATZINGER (2005a), a.a.O., S. 17.
[56] HABERMAS (1985), a.a.O., S. 184.
[57] HABERMAS (2005c), a.a.O., S. 7.
[58] Ebd.
[59] Ebd., S. 120.

ren Werk äußert er bereits eine ähnliche Verwunderung hinsichtlich Frankreichs als modernem und laizistischem Staat zugleich. Er schreibt: *Verwunderlich erscheint mir nur, daß in dieser laizistischen Industriegesellschaft noch soviel religiöser Geist lebendig ist.*[60] Diese Beobachtungen stehen im klaren Widerspruch zur Modernisierung-Säkularisierungsthese. Da sich die Geltung bzw. Falschheit dieser These unmittelbar auch auf die Fragestellung dieses Buches auswirkt, nämlich auf die Frage nach der Bedeutung der Religion in der Moderne, ist es zwingend, diese These hier einer Kritik zu unterziehen. Es geht also im Folgenden um die beiden Fragen: Ist die Modernisierung-Säkularisierungsthese falsch? Oder besteht tatsächlich zwischen Modernisierung und Säkularisierung ein funktionaler, propositionaler Zusammenhang?

Zunächst einmal ist festzustellen, dass die gegenwärtige Revitalisierung der Religion die Modernisierung-Säkularisierungsthese nicht zu widerlegen vermag, auch wenn HABERMAS dies zumindest für möglich hält und dies durch Begriffe wie entgleisende Säkularisierung und Postsäkularismus zum Ausdruck bringt. Denn aus philosophischer Sicht ist ihre Revitalisierung zunächst nur ein partikuläres Phänomen und folglich ohne philosophische Evidenz. Da es zumindest denkbar ist, dass die gegenwärtig beobachtbare Revitalisierung der Religion nur eine vorübergehende, kontingente Erscheinung ist, vielleicht ein letztes Aufblühen der Religion bevor sie tatsächlich obsolet wird, kann sie die Modernisierung-Säkularisierungsthese nicht zwingend widerlegen. Damit ist diese These aber noch nicht gültig. Denn es fehlen andererseits die Gründe ihrer Rechtfertigung. Problematisch ist vor allem ihre Unschärfe, denn der Begriff der Säkularisierung ist äquivok. So kann dieser Begriff erstens die Umwandlung geistlicher Besitztümer und Einrichtungen in solche weltlicher Herren bedeuten, zweitens die Generalisierung von Begriffen, die traditionell einzig einen konkret biblisch-dogmatischen Sinn hatten, drittens die Herauslösung der Welt aus den Zusammenhängen eines reli-

---

[60] HABERMAS (1985), a.a.O., S. 136.

4.1 Bedeutung der Religion im postmetaphysischen Denken

giösen Sinngefüges oder viertens den Prozess des Obsoletwerdens der Religion. Insgesamt ergibt sich damit das folgende Resultat: Die Modernisierung-Säkularisierungsthese kann weder widerlegt noch bewiesen werden. Weder ihre Falschheit noch ihre Gültigkeit sind folglich erweisbar. Sie ist nur eine prognostische Spekulation und damit zweifelhaft. Ergo kann sie auch das Obsoletwerden der Religion nicht begründen. Eine mit der Modernisierung zunehmende Säkularisierung ist folglich nicht zwingend.

Die Zweifel an der Modernisierung-Säkularisierungsthese erstarken vor allem beim Vergleich der europäischen Kultur mit anderen Weltkulturen. So liegt der Überraschungseffekt der gegenwärtigen Revitalisierung der Religion vor allem darin begründet, dass die mit der europäischen, westlichen Modernisierung einhergehende Säkularisierung als der Normalfall betrachtet wird, dem die USA (ggf. auch noch Polen und Irland) als Sonderfall und die islamischen Länder als vormoderne und damit noch nicht säkularisierte Länder gegenüberstehen. Der Überraschungseffekt löst sich aber auf, wenn man die Perspektive tauscht und die europäische Modernisierung und Säkularisierung als ein bloß partikuläres und kontingentes Phänomen oder als *welthistorischen Sonderweg des Okzidents*[61] betrachtet.[62] Dies bedeutet: *Aus dem Normalvorbild für die Zukunft aller übrigen Kulturen wird ein Sonderfall.*[63] Dieser Perspektivenwechsel wurde HABERMAS durch eine an ihn gerichtete Frage nahegelegt, *ob nicht aus kulturvergleichender und religionssoziologischer Sicht die europäische Säkularisierung der eigentliche Sonderweg sei, der einer Korrektur bedürfe.*[64] Diese Frage weist unmissver-

---

[61] HABERMAS (2005c), a.a.O., S. 8.
[62] Ähnlich auch: ULRICH, Bernd: *Wir Deutschen und mit uns ein Teil der Europäer sind in Sachen Religion und Öffentlichkeit Exoten. Grob geschätzt, fünf Milliarden Menschen sehen die Sache entspannter.* In: ders.: Glauben oder eifern. Die Zeit, 47/2004. Oder: JOAS, Hans: *Die starke Säkularisierung, die Europa erlebt hat, wiederholt sich keineswegs einfach heute im Weltmaßstab.* In: ders.: Braucht der Mensch Religion? Über Erfahrungen der Selbsttranszendenz. Freiburg, Herder, 2004, S. 15.
[63] HABERMAS (2005c), a.a.O., S. 121.
[64] HABERMAS/RATZINGER (2005a), a.a.O., S. 28.

4 HABERMAS: Religion im Umfeld der Theorie des kommunikativen Handelns

ständlich darauf hin, dass die Bedeutung der Religion und damit die Bedeutung ihrer Revitalisierung im europäischen Kontext eine andere ist, als außerhalb dieses Kontextes. Wie ist dies zu beurteilen? Sicherlich mit großer Vorsicht, denn die Aussage, dass die europäische Modernisierung und Säkularisierung ein *Sonderfall* oder ein *Sonderweg* sei, ist nur eine bloße Vermutung, die zwar eine Möglichkeit aufzeigt, aber modallogisch keine Notwendigkeit begründet.

Es stellt sich damit die Frage: Wie soll die Philosophie dem Phänomen der gegenwärtigen Revitalisierung der Religion begegnen? Aus philosophischer Sicht ist, aus den oben genannten Gründen, solchen Phänomenen zunächst mit Skepsis entgegenzutreten, aber nicht im Sinne von Ablehnung, sondern im Sinne eines Hinterfragens, also einer kritisch-reflexiven und prüfenden Auseinandersetzung. So können die Beobachtungen als Impulse fungieren um *das alte Thema »Glauben und Wissen«*[65] einer erneuten philosophischen Reflexion und kritischen Prüfung zu unterziehen. Dies gilt erst recht für die Frage nach der Notwendigkeit der Religion und ihrer Bedeutung für die Moderne.

Die Revitalisierung der Religion legt zusammen mit der Unbegründbarkeit ihres Obsoletwerdens den Schluss nahe, dass Religion notwendig sei. Aber auch dieser Schluss ist falsch. Denn ebensowenig wie die Belege der Revitalisierung die Modernisierung-Säkularisierungsthese widerlegen können, vermögen sie die Notwendigkeit der Religion zweifelsfrei zu begründen. Auch wenn noch so viele Belege aufgeführt werden, sie haben als bloß empirische Daten nicht die Kraft, wie LÜBBE es scheinbar annimmt, die Notwendigkeit der Religion zu erweisen. Die Frage nach ihrer Notwendigkeit soll daher im folgenden Abschnitt, im Rahmen einer Grenzbetrachtung des postmetaphysischen Denkens, einer erneuten Analyse unterzogen werden. Dies gilt auch für HABERMAS' Aussage über *Religionen [...], an deren Überlebensfähigkeit in der heutigen Weltsituation kaum zu zweifeln ist.*[66]

---

[65] HABERMAS (2001b), a.a.O., S. 12.
[66] HABERMAS (1997), a.a.O., S. 55.

4.1 Bedeutung der Religion im postmetaphysischen Denken

4.1.4 RELIGION ALS REST ODER DIE GRENZEN POSTMETAPHYSISCHEN DENKENS

Die Versprachlichung des Sakralen führt nach der bisherigen Diskussion unweigerlich zur Frage: Können alle religiösen Gehalte vollständig säkularisiert und rationalisiert, d.h. in eine moderne, profane und damit allgemein zugängliche Sprache übersetzt werden? Oder bleibt ein Rest, der sich dieser Versprachlichung widersetzt? HABERMAS' Überlegungen zur Religion können in puncto dieser Frage den Schein einer Ambivalenz nicht verdecken. Denn sie enthalten sowohl Aussagen, die eine vollständige Versprachlichung der Religion am Ende des Modernisierungsprozesses und damit ihr Obsoletwerden zu interpretieren erlauben, als auch Hinweise auf einen nichtübersetzbaren Rest an Religion. So bejaht er bereits in seinem Hauptwerk die Möglichkeit, dass bei der Versprachlichung des Sakralen *ein rational unauflösbarer Problemrest übrigbleiben*[67] kann. Er hält sich aber zugleich den Weg einer vollständigen Versprachlichung offen, da die Möglichkeit des Restes nur besteht, wenn nicht die *Kontingenzerfahrungen und Sinnprobleme, die bisher religiös gedeutet und kultisch abgearbeitet worden sind, radikal entschärft werden können.*[68] Ähnliche duale Vermutungen finden sich an vielen anderen Stellen seines Gesamtwerkes.

Auch hinsichtlich des Ausmaßes des möglichen religiösen Restes ist HABERMAS unschlüssig. Hier müssen wir zwischen seinen frühen und späten Werken unterscheiden, die einen Zuwachs des Restes erkennen lassen. Insgesamt ist aber der Rest an Religion und damit ihr Umfang an möglichen Funktionen bei HABERMAS deutlich kleiner als bei LÜBBE. Dies zeigt sich bei der Kontingenzbewältigung (Abs. 4.2) ebenso, wie bei der Legitimation staatlicher Macht und der Integration von Bürgern zu staatlichen Gemeinwesen (Abs. 4.3). HABERMAS

---

[67] HABERMAS (1987a), a.a.O., S. 215.
[68] Ebd.

4 HABERMAS: Religion im Umfeld der Theorie des kommunikativen Handelns

hat, dass zeigt sich hier bereits deutlich, ein weitaus stärkeres Vertrauen in die Vernunft als LÜBBE. LÜBBE mutet dem religiösen Glauben zu viel und der Vernunft zu wenig zu, während umgekehrt HABERMAS der Vernunft zu viel Vertrauen schenkt und der Kraft von Weltbildern bzw. des Glaubens zu wenig. HABERMAS scheint sich dessen bewusst zu sein. Denn auf die Aussage Theodor W. ADORNOs (1903-1969): »*Nichts an theologischem Gehalt wird unverwandelt fortbestehen; ein jeglicher wird der Probe sich stellen müssen, ins Säkulare, Profane einzuwandern*«, entgegnet HABERMAS, *dass sich die Vernunft mit einem solchen Projekt überfordert*,[69] wie *der historische Verlauft gezeigt*[70] hat. Diese Aussage verweist unverkennbar auf die Endlichkeit der menschlichen Vernunft und gibt damit Raum frei für den Glauben an religiöse wie nichtreligiöse Weltbilder oder Weltdeutungen.[71] Allerdings ist seine Entgegnung nur bedingt geeignet, der Behauptung ADORNOs zu widersprechen, denn der erwähnte historische Verlauf kann als kontingentes Ereignis wiederum bestenfalls als Beleg, nicht aber als Grund aufgeführt werden.

Die Übersetzung des Sakralen nötigt nicht nur zu der Frage nach dem religiösen Rest, sondern auch zur Frage, ob und inwieweit Übersetzungsfehler oder Verluste auftreten. Woran erkennt man eine gelungene Übersetzung? Was bleibt von dem religiösen Gehalt noch übrig, wenn es die schmalen Filter der Versprachlichung und Diskursbedingungen passiert hat? Dass dies nicht verlustfrei gehen kann, ist evident. Denn jede Filterung ist inhärent verlustbehaftet. HABERMAS nennt es *Übersetzungsprobleme*[72]. So geht beispielsweise durch diese Filterung die religiöse Dimension der Heilserwartung verloren. Dies hat Konsequenzen. Denn *weil es*

---

[69] HABERMAS (2001b), a.a.O., S. 27. Das durch HABERMAS aufgeführte Zitat ist aus: ADORNO T. W.: Vernunft und Offenbarung. In: ders.: Stichworte. Frankfurt am Main, Suhrkamp, 1969, S. 20.
[70] Ebd.
[71] Vgl. die These von der Gleichnatürlichkeit von Glaube und Vernunft in Abs. 1.2 und 5.2.4.
[72] HABERMAS, Jürgen: Kommunikatives Handeln und detranszendentalisierte Vernunft. Stuttgart, Reclam, 2001d, S. 24.

4.1 Bedeutung der Religion im postmetaphysischen Denken

keinen profanen Ersatz für die persönliche Heilserwartung gibt, entfällt das stärkste Motiv für die Befolgung moralischer Gebote.[73] Dieses Problem der Motivation oder Motivbildung ist insbesondere für die staatliche Integration und Solidarität von großer Relevanz (Abs. 4.3). HABERMAS nennt weitere Verluste. *Als sich Sünde in Schuld, das Vergehen gegen göttliche Gebote in den Verstoß gegen menschliche Gesetze verwandelte, ging etwas verloren.*[74] Zudem ist kaum vorstellbar, wie sich die religiösen Erfahrungsinhalte des Abendmahls, der inneren Versenkung und der Taufe in eine profane Sprache übersetzen lassen können. Dies muss auch HABERMAS zugestehen: *Was sich der Sehkraft des nach innen gekehrten Auges erschließt, die mystische Vision, entzieht sich aber dem Wort, dem Medium der Überlieferung.*[75] Hieraus ist der Schluss zu ziehen: Es gibt religiöse Erfahrungen, die in der postmetaphysischen, profanen Sprache keine universale Entsprechung finden. Die Versprachlichung des Sakralen ist daher weder vollständig, noch ohne Verluste möglich.

Die der Moderne inhärente Versprachlichung traditioneller Weltbilder umfasst nicht nur die Religion, sondern auch die Metaphysik. Denn auch ihre Versprachlichung ist nicht vollständig und somit nicht ohne Rest möglich. HABERMAS begründet dies am metaphysischen Begriff der Unbedingtheit, auf den die postmetaphysische Moderne nicht verzichten könne. Denn die Diskursethik benötigt das *Moment Unbedingtheit, das in den Diskursbegriffen der fehlbaren Wahrheit und Moralität aufbewahrt ist,*[76] um unbedingte Geltung für ihre Normen zu fordern. In diesem notwendigen Rekurs auf das Unbedingte erkennt er einen *Rest von Metaphysik [...], eine letzte Spur eines Nihil contra Deum nisi Deus ipse*[77] (Niemand

---

[73] HABERMAS, Jürgen: Die Einbeziehung des Anderen. Frankfurt am Main, Suhrkamp, 1996, S. 51.
[74] HABERMAS (2001b), a.a.O., S. 24.
[75] HABERMAS (1997), a.a.O., S. 74.
[76] HABERMAS (1988), a.a.O., S. 184f.
[77] Ebd., siehe auch: ders. (1998), a.a.O., S. 119.

4 HABERMAS: Religion im Umfeld der Theorie des kommunikativen Handelns

kommt gegen Gott auf, denn Gott allein). Mit diesem, Johann Wolfgang von GOETHE zugeschriebenen Ausspruch[78], den HABERMAS des Öfteren zitiert, zeigt er unmissverständlich, dass es dem bloß endlichen Vernunftvermögen des Menschen nicht möglich ist, Gott als Inbegriff der Unendlichkeit restlos zu eliminieren. Dieses Ergebnis ist aber - im Sinne der These von der Gleichnatürlichkeit von endlicher Vernunft und Glaube - dahingehend zu korrigieren, dass es nicht möglich ist, den Glauben im Allgemeinen zu eliminieren, unabhängig davon, ob es ein Glaube an Gott oder an eine atheistische Weltdeutung ist.

HABERMAS mutet der Philosophie eine wichtige Rolle bei der Übersetzung des Sakralen ins Profane zu. Aber auch sie ist nicht in der Lage alle religiösen Gehalte ohne Rest zu übersetzen. Denn *es wäre der schiere Intellektualismus, wenn man von der Philosophie erwartete, dass sie sich auf dem »Übersetzungswege« die in der religiösen Sprache aufbewahrten Erfahrungsgehalte mehr oder weniger vollständig aneignen könnte.*[79] Gleiches gilt für den Bereich religiöser Erfahrung. *Der Kern dieser Erfahrung entzieht sich dem säkularisierenden Zugriff der philosophischen Analyse.*[80] Dieses Ergebnis, das mit der These von der Gleichnatürlichkeit von Glaube und Vernunft konform ist, ist nicht überraschend. Denn es gibt für die Begrenztheit der rationalen Versprachlichung nur einen einzigen Grund: die natürliche Endlichkeit der menschlichen Rationalität und die damit notwendig verknüpfte Begrenztheit des menschlichen Wissens. Aufgrund dessen ist der Mensch immer schon auf einen Glauben angewiesen, um die Lücke des Nichtwissens mit Vorstellungen und Spekulationen in Form von Bildern oder Weltbildern zu schließen.[81] Lücken oder Leerstellen sind Zeichen dafür, dass etwas fehlt und *religiöse Überlieferungen leisten bis heute die Artikulation eines*

---
[78] GOETHE, Johann Wolfgang von: Dichtung und Wahrheit. Stuttgart, Reclam, 1998, S. 831.
[79] HABERMAS (2001c), a.a.O., S. 191.
[80] HABERMAS (2005c), a.a.O., S. 251.
[81] Dieses angeborene Bedürfnis des Menschen, nämlich seine Lücke des Nichtwissens zu schließen, wurde durch PLATONs Konzept des Aufstiegs zu den Ideen bereits in der Antike der Philosophie in die Wiege gelegt.

4.1 Bedeutung der Religion im postmetaphysischen Denken

Bewusstseins von dem, was fehlt. Sie halten eine Sensibilität für Versagtes wach.[82] Ergo wird es immer einen Rest von glaubensabhängigen Weltanschauungen geben. Entsprechend der These, dass der Glaube notwendig ist (Abs. 1.2), muss es aber nicht notwendig ein religiöser Glaube sein; es kann auch der Glaube an eine mythische, metaphysische, kosmologische, szientistisch-naturalistische, ideologische oder irgendwie anders geartete profane Weltdeutung sein. Aufgrund dieser Alternativen kann aus dem Rest an Religion nicht zugleich auf die Notwendigkeit dieses Restes geschlossen werden. Notwendig können allenfalls Weltbilder im Allgemeinen sein, d.h. der Glaube an eine der möglichen Weltinterpretationen. Diese *gehorchen der Logik von Zusammenhängen der Interaktion. Sie geben Antwort auf die zentralen Menschheitsprobleme des Zusammenlebens und der individuellen Lebensgeschichte. Ihre Themen sind Gerechtigkeit und Freiheit, Gewalt und Unterdrückung, Glück und Befriedigung, Elend und Tod.*[83]

Der Übersetzung des Sakralen ist also durch die Endlichkeit der Vernunft eine natürliche Grenze gesetzt, die sich allenfalls im Laufe des Fortschritts verschieben aber nicht eliminieren lässt. Jenseits dieser Grenze verbleibt ein Rest an Glauben. Diese fließende und unscharfe Grenze finden wir analog auch zwischen dem von PEIRCE geprägten Begriffspaar *belief* und *doubt*, also zwischen Überzeugtsein und Zweifel. Nach PEIRCE, auf dessen Pragmatismus HABERMAS immer wieder rekurriert,[84] löst sich der Zweifel *in the long run*, also gegen Ende eines prinzipiell unendlich langen Fortschrittprozesses auf. *In the long run* könnte folglich auch die Religion verschwinden. Doch hierfür gibt es weder Gründe, noch Beweise.

---

[82] HABERMAS (2005c), a.a.O., S. 13.
[83] HABERMAS, Jürgen: Technik und Wissenschaft als ›Ideologie‹. Frankfurt am Main, Suhrkamp, 1969, S. 68.
[84] Besonders hervorzuheben ist der hervorragende Essay über PEIRCEs Philosophie in: HABERMAS (1973a), a.a.O., S. 116ff.

4 HABERMAS: Religion im Umfeld der Theorie des kommunikativen Handelns

Es bietet sich an, die bisherigen Überlegungen kurz zusammenzufassen: HABERMAS' Theorie des kommunikativen Handelns und seine These von der Versprachlichung des Sakralen legen den Schluss des Aussterbens der Religion nahe. *In fact, a consensus has developed around the notation that HABERMAS' theory of the "linguistification of the sacred" entails the sublimation or Aufhebung of religion tout court.*[85] Doch dieser Schluss ist falsch. Es wurde in diesem Abschnitt nachgewiesen, dass die Versprachlichung des Sakralen aufgrund der Endlichkeit der menschlichen Vernunft notwendig einen Rest an Religion unübersetzt lässt. Folglich kann die Versprachlichung des Sakralen nicht die Aufhebung religiöser Weltbilder begründen. Welchen Umfang der religiöse Weltbildrest hat und welche Bedeutung und Funktion er für den Menschen gemäß HABERMAS besitzt, wird im folgenden Abschnitt kritisch analysiert. Es geht also nunmehr um die Frage nach den Weltbildfunktionen der Religion.

4.2 DIE WELTBILDFUNKTIONEN DER RELIGION

Weltbilder oder Weltanschauungen deuten die Welt und das menschliche Dasein als ein geordnetes und geschlossenes Ganzes. Sie vermitteln Sinn und praktische Lebensorientierung (vgl. Abs. 1.2). *Auch jede Religion ist ursprünglich »Weltbild« oder »comprehensive doctrine«*[86] *auch in dem Sinne, dass sie die Autorität beansprucht, eine Lebensform im Ganzen zu strukturieren. Diesen Anspruch auf umfassende Lebensgestaltung muss die Religion unter Bedingungen der Säkularisierung der Gesellschaft und des weltanschaulichen Pluralismus aufgeben.*[87] HABERMAS' Begriff des Weltbildes umfasst religiöse Weltdeutungen ebenso wie metaphysische. In seinen Werken nutzt er daher zumeist den kombinierten Begriff des religiös-metaphysischen oder metaphysisch-religiösen Weltbildes.

---

[85] MENDIETA, Eduardo: Vorwort zu: HABERMAS (2002b), a.a.O., S. 11.
[86] Umfassende Lehre: ein Begriff, der auf John RAWLs zurückgeht. Siehe Kapitel eins, Fußnote 20.
[87] HABERMAS (2005c), a.a.O., S. 319.

4.2 Die Weltbildfunktionen der Religion

Gemeinsam ist den religiösen und metaphysischen Weltbildern eine mehr oder weniger scharf ausgeprägte dichotomische Struktur, die es erlaubt, die soziokulturelle Lebenswelt auf eine Hinterwelt zu beziehen. Die Welt hinter der sichtbaren Welt des Diesseits und der Erscheinungen repräsentiert eine fundamentale Ordnung.[88] Da derartige Weltbilder kein prüfbares oder logisch begründbares Wissen repräsentieren, sind sie auf den Glauben angewiesen.

HABERMAS' integraler Weltbildbegriff subsumiert nicht nur religiös-metaphysische, sondern auch kosmologische, ideologische und szientistisch-naturalistische Weltinterpretationen. Letztere deutet er als *Weltbilder, die schlecht-spekulativ aus wissenschaftlichen Theoriestücken zusammengesetzt sind*[89] oder als *kurzlebige Popularsynthesen aus Einzelinformationen*[90] oder als die *neue Esoterik von Sachverstand und Expertenurteil.*[91] Da sie nicht oder nur sehr eingeschränkt den wissenschaftlichen Maßstäben genügen, sind sie für ihn ebenso wie die Metaphysik *nicht Wissenschaft, sondern schlechte Philosophie.*[92] Dennoch zeigt sich, dass *naturalistische Weltbilder [...] im Hinblick auf die Relevanz des Wissens für ethische Handlungsorientierungen auf gleicher Augenhöhe stehen mit religiösen oder anderen Interpretationen der "Stellung des Menschen im Kosmos".*[93] Religion und Metaphysik sind ergo nicht die einzigen konkurrierenden Weltbilder mit Anspruch auf praktische Relevanz.

Weltbilder, gleich welcher Couleur, können nach HABERMAS' Überlegungen für moderne Gesellschaften nur unter der Prämisse Bedeutung erlangen, dass sich ihre Gehalte in eine universale, profane Sprache übersetzen lassen. Die Ver-

---

[88] HABERMAS (1987b), a.a.O., S. 281.
[89] HABERMAS (1988), a.a.O., S. 35.
[90] HABERMAS (1976), a.a.O., S. 325.
[91] Ebd.
[92] HABERMAS (2001b), a.a.O., S. 20.
[93] HABERMAS (2002a), ebd.

4 HABERMAS: Religion im Umfeld der Theorie des kommunikativen Handelns

sprachlichung ist damit, wie oben dargelegt, eine notwendige Bedingung für die Möglichkeit, die kognitiven Potentiale religiöser und metaphysischer Weltbilder *aus ihren esoterischen Hochformen zu entbinden, und für die Praxis, d.h. für eine vernünftige Gestaltung der Lebensverhältnisse zu nützen.*[94] Aus dieser Aussage wird deutlich, dass auch HABERMAS der Religion einen Nutzen in der Moderne einräumt. Dies legt den Schluss nahe, dass er, ebenso wie LÜBBE, die Bedeutung der Religion in der Moderne in ihren Funktionen sieht. Doch dieser Schluss ist falsch. Denn nach HABERMAS führt, wie im Abs. 3.4 nachgewiesen wurde, ein religiöser Funktionalismus nicht zur Rettung religiöser Gehalte, sondern vice versa zu ihrer Austilgung. Denn *der Glaube, der sich funktional begründet, destruiert sich selbst.*[95] Nach HABERMAS können religiöse Gehalte allein durch ihre Übersetzung in eine säkulare Sprache gerettet und damit genutzt werden. *Die Übersetzung der Gottesebenbildlichkeit des Menschen in die gleiche und unbedingt zu achtende Würde aller Menschen ist eine solche rettende Übersetzung.*[96] HABERMAS verfolgt also keine partikuläre Funktionalisierung, sondern eine sprachfundierte *Dekonstruktion des Jenseits zugunsten einer* [universalen] *diesseitigen sozialen Verwirklichung der religiösen Verheißungen.*[97] Der von theologischer Seite erhobene Vorwurf, sein Zugang zur Religion sei *von einer funktionalistischen Betrachtungsweise bestimmt,[...] die indessen die Gefahr des Reduktionismus in sich birgt*[98] ist also zumindest hinsichtlich seiner Zielsetzung unbegründet.

Trotz seiner Kritik an der Funktionalisierung der Religion führt HABERMAS dennoch selbst immer wieder Funktionen auf, die ihm zufolge nur durch die Religion geleistet werden können. Der Grund für diese Ambivalenz liegt wieder allein in den bereits oben genannten Grenzen der Versprachlichung, die durch die

---

[94] HABERMAS (2003), a.a.O., S. 15f.
[95] HABERMAS (1997), a.a.O., S. 130.
[96] HABERMAS/RATZINGER (2005a), a.a.O., S. 32.
[97] HABERMAS (1976), a.a.O., S. 52.
[98] ARENS, a.a.O., S. 159.

4.2 Die Weltbildfunktionen der Religion

Endlichkeit des menschlichen Vernunftvermögens notwendig gesetzt sind. Es lassen sich eben, wie nachgewiesen wurde (Abs. 4.1.4), nicht alle religiösen Gehalte in eine universale, profane Sprache übersetzen. Folglich bleibt stets ein Rest an unübersetzbarer Religion und infolgedessen ein Rest an religiösen Funktionen, die für die Gestaltung des menschlichen Lebens auch in der Moderne von Bedeutung sind. *Heilsgewissheiten gewinnen über ihre existentielle Bedeutung eine unmittelbar handlungsorientierte Kraft.*[99] Da die Religion nur ein mögliches Weltbild neben anderen ist, können ihre Funktionen unter dem allgemeinen Begriff der *Weltbildfunktionen*[100] subsumiert werden. Hierzu gehören vor allem die Kontingenzbewältigung (Abs. 4.2.1) und die Trostfunktion (4.2.2). Unterliegt also HABERMAS doch dem von ARENS vorgeworfenen Funktionalismus, *wenn er Religion wesentlich mit Trost und Gewißheit in Verbindung bringt und damit Religion auf Kontingenzbewältigung engführt*[101]?

4.2.1 KONTINGENZBEWÄLTIGUNG

Das menschliche Dasein ist notwendig von Kontingenzen geprägt, denn *existentielle Risiken wie der Verlust des Nächsten, Krankheit, Alter und Tod, sind die Signatur des menschlichen Lebens.*[102] Der Mensch muss sich diesen kontingenten Erfahrungen stellen, er muss sie bewältigen. In dieser Notwendigkeit der Kontingenzbewältigung stimmen HABERMAS und LÜBBE überein. Während aber LÜBBE hier ein prädestiniertes Aufgabenfeld des religiösen Glaubens sieht, ist es für HABERMAS in erster Linie eine Aufgabe der Vernunft, diese Erfahrungen existentieller Unsicherheiten zu bewältigen. Denn die Vernunft kann aus sich selbst heraus und ohne Rekurs auf religiöse Lehren geeignete Routinen der Kontingenzbewältigung generieren. Diese *alltäglichen Routinen beruhen, ungeachtet*

---
[99] HABERMAS (2002a), ebd.
[100] HABERMAS (1988), a.a.O., S. 60.
[101] ARENS, a.a.O., S. 159.
[102] HABERMAS (2004a), a.a.O., S. 255.

4 HABERMAS: Religion im Umfeld der Theorie des kommunikativen Handelns

dieser Unsicherheiten, auf dem rückhaltlosen Vertrauen in das Wissen von Laien wie von Experten.[103]
Zur Unterstützung dieser Behauptung verweist HABERMAS auf John DEWEY (1859-1952), der den Pragmatismus zu einem Instrumentalismus fortbildete und eine ähnliche These der rein rationalen Kontingenzbewältigung vertritt. *Dewey geht von dem Bild einer kooperierenden Gemeinschaft aus, die mit den Kontingenzen ihrer überraschenden Umwelt offensiv zurechtkommt. Sie bewältigt herausfordernde Situationen, gleichviel ob es sich um theoretische oder praktische Fragen handelt, auf dieselbe Weise, nämlich durch »intelligentes Verhalten«. Darunter versteht Dewey ein Problemlösungsverhalten, das durch soziale Zusammenarbeit, einfallsreiches hypothetisches Denken und experimentellen Eingriff charakterisiert ist.*[104] Diesem Bild ist auch die Religion unterzuordnen. Denn Religiosität ist nach DEWEY grundsätzlich praktisch und der religiöse Glaube daher an die Realität und an Zwecke zu binden. Aus dem Zitat wird deutlich, dass für DEWEY und HABERMAS Kontingenzen zu allererst Probleme sind, die rational und folglich ohne Rekurs auf Gott oder mittels Gebeten oder religiösen Riten gelöst und bewältigt werden können. Dies gilt vor allem für solche Kontingenzen, welche die Vernunft selbst zu verantworten hat. Denn *die Wunden, die die Vernunft schlägt, können, wenn überhaupt, nur durch die Vernunft überwunden werden.*[105] Aufgrund ihrer Endlichkeit wird es aber immer Kontingenzen geben, die sie nur unvollkommen bewältigen kann. *Die kommunikative Vernunft ist gewiß eine schwankende Schale – aber sie ertrinkt nicht im Meer der Kontingenzen, auch wenn das Erzittern auf hoher See der einzige Modus ist, in der sie Kontingenzen »bewältigt«.*[106]
Diese Aussage führt zur Frage: Können tatsächlich alle Kontingenzen rational mittels unserer Intelligenz bewältigt werden, oder bleibt wieder ein Rest, der sich

---
[103] Ebd.
[104] Ebd., S. 294.
[105] HABERMAS, Jürgen: Schmerzen der Gesellschaft. Hamburg, DIE ZEIT, 20/2001a.
[106] HABERMAS (1988), a.a.O., S. 185.

4.2 Die Weltbildfunktionen der Religion

der rein vernunft- und wissensbasierten Bewältigung widersetzt? HABERMAS selbst gesteht diesen Rest ein, denn in der postmetaphysischen Moderne ist *der vollends profanisierte Alltag gegen den erschütternd-subversiven Einbruch außeralltäglicher Ereignisse keineswegs immun geworden. Die ihrer Weltbildfunktionen weitgehend beraubte Religion ist, von außen betrachtet, nach wie vor unersetzlich für den normalisierenden Umgang mit dem Außeralltäglichen im Alltag. Deshalb koexistiert auch das nachmetaphysische Denken noch mit einer religiösen Praxis. Und dies nicht im Sinne der Gleichzeitigkeit von Ungleichzeitigem*[107]. *Die fortbestehende Koexistenz beleuchtet sogar eine merkwürdige Abhängigkeit einer Philosophie, die ihren Kontakt mit dem Außeralltäglichen eingebüßt hat. Solange die religiöse Sprache inspirierende, ja unaufgebbare semantische Gehalte mit sich führt, die sich der Ausdruckskraft einer philosophischen Sprache (vorerst?) entziehen und der Übersetzung in begründende Diskurse noch harren, wird Philosophie auch in ihrer nachmetaphysischen Gestalt Religion weder ersetzen noch verdrängen können.*[108] Dieses längere Zitat gibt zwei bedeutsame Aufschlüsse zu HABERMAS' Theorie der Religion in der Moderne, die eine besondere Aufmerksamkeit erfordern.

(1) HABERMAS behauptet in diesem Zitat, dass die Religion in einer vollends profanisierten Moderne *unersetzlich für den normalisierenden Umgang mit dem Außeralltäglichen*, also mit Kontingenzerfahrungen ist. Mit dieser Behauptung scheint er sich LÜBBEs These von der Notwendigkeit der Religion zu nähern, auch wenn beide hinsichtlich des Umfangs öffentlichkeitsrelevanter religiöser Funktionen stark differieren. Doch dieser Schein trügt. Denn das aufgeführte Zitat erlaubt auch den Schluss, dass es nicht die Religion selbst ist, die in der Moderne unersetzlich ist, sondern ihre *Weltbildfunktionen*. Da nun allerdings die Religion nicht das einzige mögliche Weltbild ist, sondern mit vielen anderen Weltdeutun-

---
[107] HABERMAS meint hiermit den zeitlichen Versatz zwischen der rascheren gesellschaftlichen und der langsameren kulturellen Modernisierung. Vgl.: HABERMAS (2001b), a.a.O., S. 10.
[108] HABERMAS (1988), a.a.O., S. 60.

4 HABERMAS: Religion im Umfeld der Theorie des kommunikativen Handelns

gen - metaphysischen, kosmologischen, ideologischen und szientistisch-naturalistischen - in Konkurrenz steht, können prinzipiell ihre Weltbildfunktionen auch durch diese anderen ausgeübt werden. Denn *die Grundfunktion von weltstabilisierenden (world-maintaining) Deutungssystemen besteht darin, Chaos zu vermeiden, d.h. Kontingenzen zu überwinden.*[109] Ergo ist die Religion zwar eine mögliche, nicht aber eine notwendige Weise der Kontingenzbewältigung.

(2) Besonders aufschlussreich für HABERMAS' Überlegungen zur Bedeutung der Religion in der Moderne ist das von ihm in Klammern gesetzte und mit Fragezeichen versehene „*vorerst*". Dieses *(vorerst?)* deutet unmissverständlich darauf hin, dass die Übersetzung der sakralen Gehalte in eine profane Sprache und damit der Prozess der Modernisierung möglicherweise noch nicht abgeschlossen ist. Damit bleibt die Frage weiterhin unbeantwortet, ob am Ende der Modernisierung und Säkularisierung die Religion obsolet wird oder nicht. In HABERMAS' Werken findet sich auf diese brisante Frage nur eine Antwort: *Ich weiß es nicht.*[110] Dabei gibt es zu dieser Frage sehr wohl eine plausible Antwort, die - im Sinne der bereits in der Einleitung vorgestellten These von der Gleichnatürlichkeit von Vernunft und Glaube (Abs. 1.2) - wie folgt zu formulieren ist: Aufgrund der natürlichen Endlichkeit des menschlichen Vernunftvermögens in praktischer wie auch in theoretischer Hinsicht, greift der Mensch notwendig auf Vorstellungen, Spekulationen und Bilder zurück, um diese angeborene Endlichkeit zu überwinden und um damit ein Gesamtbild der Welt zu erhalten, das ihm Orientierung ermöglicht, Sinn vermittelt und Kontingenzen zu bewältigen hilft. Infolge der Endlichkeit der menschlichen Vernunft wird es also immer einen Rest an Weltbildern und folglich einen Glauben an diese Weltdeutungen oder Weltanschauungen geben. Der Glaube ist ergo notwendig und gleichnatürlich mit der Vernunft.

---

[109] HABERMAS, Jürgen: Legitimationsprobleme im Spätkapitalismus. Frankfurt am Main, Suhrkamp, 1973b, S. 163.
[110] HABERMAS (2001c), a.a.O., S. 191.

4.2 Die Weltbildfunktionen der Religion

Insgesamt haben damit zwei der in Einleitung aufgeführten Thesen eine erneute Bestätigung ihrer Plausibilität erfahren: Erstens, entgegen der Ansicht LÜBBEs und HABERMAS', dass nicht die Religion notwendig ist, sondern der Glaube an Weltbilder im Allgemeinen. Und zweitens, in Übereinstimmung mit HABERMAS, dass die Bedeutung der Religion in der Moderne in ihren Weltbildfunktionen liegt. Weltbildfunktionen sind aber nicht uneingeschränkt erforderlich, sondern nur zur Bewältigung derjenigen Kontingenzen, die sich einer rein rationalen Bewältigung widersetzen. Dies bedeutet: Glaubensabhängige Weltbilder sind keinesfalls ein Ersatz für die Vernunft, sondern stets nur eine Ergänzung. Andererseits ist der Weg, keine andere Autorität zu akzeptieren als die eigene Intelligenz und Vernunft, sicherlich zu eng, da er uns viele Optionen und Erfahrungen verwehrt. Auch HABERMAS verweist, trotz seines großen postmetaphysischen Vertrauens in die Vernunft, mehrfach auf den *so zerbrechlichen Boden, wie die Vernunft ihn bereitet*[111], vor allem in seinen jüngeren Werken.

Das erste Fazit dieses Abschnitts muss also lauten: Neben der Religion gibt es vielfältige Alternativen, um die Kontingenzen des Daseins zu bewältigen. Hierzu gehören in erster Linie die Vernunft und in zweiter Linie alle zur Religion konkurrierenden Weltbilder sowie die bereits in Abs. 3.2.1(C) ausgewiesenen Alternativen des Symbolismus und der biotechnischen Selbstoptimierung des Menschen.

Ein zweites Fazit dieses Abschnitts ist: Die Kontingenzbewältigung ist notwendig. Denn die Erfahrung der Sterblichkeit, der Phasenhaftigkeit des Lebens und des verfehlten Lebens, kann nicht einfach weggedacht werden. Der Mensch muss sich mit ihnen auseinandersetzen. Aufgrund der natürlichen Endlichkeit der Vernunft wird es aber notwendig Kontingenzen geben, die sie allein nicht bewältigen kann und weshalb sie auf die Unterstützung von glaubensabhängigen Welt-

---

[111] HABERMAS (1976), a.a.O., S. 58.

4 HABERMAS: Religion im Umfeld der Theorie des kommunikativen Handelns

bildern und Weltdeutungen und damit auf den Glauben angewiesen ist. Dies bedeutet, der Mensch benötigt nicht nur ein *anwendbares kontingenzbeherrschendes Wissen*[112], sondern er hat auch *Bedarf an kontingenzüberwindenden Deutungen.*[113]

4.2.2 TROSTFUNKTION

Zu den Weltbildfunktionen, welche die aufgeklärte Moderne nicht durch adäquate säkulare Funktionen ersetzen kann, gehört nach HABERMAS die Trostfunktion. Denn *tatsächlich hat die Aufklärung eines nicht vermocht: das Bedürfnis nach Trost sei es zu stillen oder zum Versiegen zu bringen. Auch hat sie die zentrale Frage nicht beantwortet, ob denn von den religiösen Wahrheiten, nachdem die religiösen Weltbilder zerfallen sind, nicht mehr und nicht anderes als nur profane Grundsätze einer universalistischen Verantwortungsethik gerettet - und das heißt: mit guten Gründen, aus Einsicht, übernommen werden können.*[114] HABERMAS spricht also bereits in seinen frühen Werken der Religion die bedeutsame Fähigkeit zu, den Menschen bei leidvollen Erfahrungen Trost zu spenden. Solche Erfahrungen sind aber nichts anderes als Kontingenzerfahrungen. Ist damit sein Konzept der Religion nur eine Fortführung von LÜBBEs Konzept der Kontingenzbewältigung? Nein, denn die Trostfunktion ist nur ein kleines und zudem relativ unbedeutendes Puzzleteil im Gesamtbild seiner Überlegungen zur Religion. Abgesehen von diesem Puzzleteil unterscheiden sich ihre Theorien zur Religion sowohl methodisch als auch inhaltlich. Neben den Unterschieden, die zum Teil bereits in den vorigen Abschnitten herausgearbeitet wurden, sind es vor allem ihre Thesen zum Umfang und zur Bedeutung einer funktionalisierten Religion, in denen beide deutlich differieren. Zu den wenigen Gemeinsamkeiten gehört zwar die Trostfunktion, sofern man sie gleichfalls als eine Kontingenzbewältigung

---

[112] HABERMAS (1973b), a.a.O., S. 165.
[113] Ebd.
[114] HABERMAS (1985), a.a.O., S. 52.

4.2 Die Weltbildfunktionen der Religion

begreift. Wenn aber die Fähigkeit der Religion, Trost zu spenden, nichts anderes als eine Form der Bewältigung von Kontingenz ist, fällt die Trostfunktion unter LÜBBEs integralen Begriff der Kontingenzbewältigung. Sie ist also keine Erweiterung seines Konzepts, sondern ein Bestandteil.

Die Trostfunktion der Religion ist eine lebensrelevante Funktion, die nach HABERMAS das nachmetaphysische Denken nicht mehr zu leisten vermag. Der Mensch hat aber ein *Bedürfnis der Tröstung und der Zuversicht angesichts des Todes, das die inständigste Kritik nicht erfüllen kann. Dieser Schmerz ist ohne Theologie untröstlich.*[115] Dies bedeutet, die Trostfunktion kann durch nichts anderes als die Religion ausgeübt werden, auch wenn HABERMAS untreffend die Theologie anstatt der Religion nennt.[116]

Die Philosophie, die vor der Aufklärung noch das Potential hatte, im Rahmen ihrer metaphysischen Systeme ebenfalls Trost zu spenden, ist dazu in der aufgeklärten postmetaphysischen Moderne nicht mehr in der Lage. Denn *unter Bedingungen nachmetaphysischen Denkens kann die Philosophie den Trost nicht ersetzen, mit dem die Religion das unvermeidliche Leid und das nicht-gesühnte Unrecht, die Kontingenzen von Not, Einsamkeit, Krankheit und Tod in anderes Licht rückt und ertragen lehrt.*[117] Der Grund hierfür liegt auf der Hand. *Mit der Aufklärung hat die Philosophie ihre Kraft als positives Weltbild bewußt eingebüßt [...]. Die Philosophie ist heute nicht mehr im Besitze metaphysischer Wahr-*

---

[115] HABERMAS, Jürgen: Politik, Kunst, Religion. Stuttgart, Reclam, 1978, S. 45. Siehe auch: HABERMAS (1998), a.a.O., S. 177. In einem 1975 geführten Gespräch über Leiden, Trost und das Verlangen nach Gerechtigkeit drückt sich HABERMAS allerdings noch vorsichtiger aus, indem er in die obige Behauptung das Wort *"vielleicht"* einfügt: *Die andere Dimension, in der Theologen vielleicht nicht ersetzt werden können - darüber kann ich nicht viel sagen - ist der Bereich individueller Tröstung.* In: BAHR, Hans-Eckehard (Hrsg.): Religionsgespräche. Zur gesellschaftlichen Rolle der Religion. Darmstadt, Luchterhand, 1975, S. 29.

[116] Die Nennung der Theologie anstatt der Religion könnte man dahingehend deuten, dass HABERMAS unterschwellig einen Zweifel an der Nichtwissenschaftlichkeit der Theologie zum Ausdruck bringen wollte, was aber sicherlich nicht der Fall ist.

[117] HABERMAS (1992), a.a.O., S. 125.

4 HABERMAS: Religion im Umfeld der Theorie des kommunikativen Handelns

heiten.[118] Hieraus folgt: *Eine nachmetaphysisch ernüchterte Philosophie kann diesen Mangel nicht kompensieren - jenen Mangel, den schon Kant gespürt hat. Sie verfügt nicht mehr über die Art von Gründen, die ein einziges motivierendes Weltbild vor allen anderen auszeichnen könnten, und zwar ein Weltbild, das existentielle Erwartungen erfüllt, ein Leben im Ganzen verbindlich orientiert oder gar Trost spendet.*[119] Folglich müssen Philosophen *es den Theologen überlassen, in existentiellen Grenzsituationen Trost zu spenden.*[120]

Ebenso wie alle anderen Wissenschaften, orientiert sich heute die Philosophie an den wissenschaftlichen Maßstäben des methodischen, systematischen und rationalen Vorgehens sowie der prinzipiellen intersubjektiven Nachprüfbarkeit. Umso überraschender scheint es, dass gegenwärtig Teilbereiche der Naturwissenschaften, insbesondere der Gen- und Hirnforschung, der Biologie und der Physik, gewagte Spekulationen publizieren, die Weltbildcharakter annehmen (siehe Abs. 5.5). Dies verweist auf eine Nachfrage des Menschen nach Weltbildern, die Orientierung versprechen, Trost spenden und die unabwendbaren Kontingenzen bewältigen helfen. Dennoch ist dieser Prozess mit Skepsis zu betrachten, die sich vor allem auf jegliche Vermischung trostspendender, glaubensabhängiger Weltbilder mit rationaler Wissenschaft richtet, also auf jede Verquickung von Glaube und Vernunft. Dies gilt auch für die Philosophie, denn *eine Philosophie, die [...] trösten will, ist keine Philosophie mehr.*[121] Nach HABERMAS wurde die Philosophie auch schon vor der Aufklärung diesem Anspruch gerecht. Denn *in keinem Fall, trotz Boëtius, hat Philosophie, die ihren Anspruch ernst genommen hat, die Heilsgewißheit des religiösen Glaubens substituieren wollen. Sie hat niemals ein Erlösungsversprechen gegeben, Zuversicht verheißen oder Trost*

---

[118] HABERMAS (1985), a.a.O., S. 59.
[119] HABERMAS (2005c), a.a.O., S. 248.
[120] HABERMAS (2004a), a.a.O., S. 358.
[121] HABERMAS (2001c), a.a.O., S. 192.

4.2 Die Weltbildfunktionen der Religion

gespendet.[122] *Abgesehen von diesem Anspruch ist sie nach HABERMAS sogar unfähig gewesen, die faktische Sinnlosigkeit des kontingenten Todes, des individuellen Leidens, des privaten Glücksverlustes, überhaupt die Negativität lebensgeschichtlicher Existenzrisiken durch Trost und Zuversicht so zu überspielen (oder zu bewältigen?), wie es die Erwartung des religiösen Heils vermocht hat.*[123] Folglich können wir nach HABERMAS von einer *prinzipiellen Trostlosigkeit des philosophischen Denkens*[124] sprechen.

Aber auch die moderne Gesellschaft, die zwar mittels ihrer kommunikativen Vernunft ihre Normativität aus sich selbst heraus begründen kann (Abs. 4.3), ist nicht in der Lage ihren Bürgern Trost zu spenden. Denn die *genuin bürgerlichen Ideologien, die nur von ihrer eigenen Substanz leben, - bieten gegenüber den Grundrisiken der persönlichen Existenz (Schuld, Krankheit, Tod) keine Hilfe für kontingenzüberwindende Deutungen (sie sind angesichts individueller Heilsbedürfnisse trostlos).*[125] Der Grund hierfür liegt in der kommunikativen Vernunft selbst, die sich gegenüber dem Trost grundsätzlich neutral verhält. Denn *weder verkündet sie die Trostlosigkeit der gottverlassenen Welt, noch maßt sie sich selbst an, irgend zu trösten.*[126] Sie verzichtet folglich auf Aussagen wie, *dass alles kontingent ist, dass es schlechthin keinen Trost gibt. Die kommunikative Vernunft inszeniert sich nicht [...] als das farblose Negativ trostspendender Religionen. [...] Sie verzichtet auch auf Exklusivität. Solange sie im Medium begründender Rede für das, was Religion sagen kann, keine besseren Worte findet, wird sie sogar mit dieser, ohne sie zu stützen oder zu bekämpfen, enthaltsam koexistieren.*[127]

Da nun also weder die Philosophie noch die kommunikative Vernunft der modernen Gesellschaft die Trostfunktion leisten können, scheint es für HABERMAS

---
[122] HABERMAS (1998), a.a.O., S. 27.
[123] Ebd., S. 36.
[124] Ebd., S. 27.
[125] HABERMAS (1973b), a.a.O., S. 109f.
[126] HABERMAS (1988), a.a.O., S. 185.
[127] Ebd.

nur zwei Optionen zu geben: Entweder wir leben trostlos oder wir erfahren Trost durch die Religion. Auf die erste Option deutet seine Antwort auf die Frage hin, ob eine vernünftige, theoriegestützte Kontingenzbewältigung möglich ist: *In Anbetracht der individuellen Lebensrisiken ist freilich eine Theorie nicht einmal denkbar, die die Faktizitäten von Einsamkeit und Schuld, Krankheit und Tod hinweginterpretieren könnte; die Kontingenzen, die an der körperlichen und der moralischen Verfassung des Einzelnen unaufhebbar hängen, lassen sich nur als Kontingenz ins Bewußtsein heben: mit ihnen müssen wir, prinzipiell trostlos, leben.*[128] Besonders aufschlussreich an dieser Behauptung ist das Adverb *prinzipiell trostlos*, denn es impliziert, dass es im menschlichen Dasein grundsätzlich keinen Trost geben kann, auch nicht durch die Religion. Doch damit widerspricht HABERMAS seiner bereits oben zitierten Aussage, dass der mit der Faktizität des Todes verknüpfte Schmerz *ohne Theologie untröstlich*[129] ist.

Was folgt aus diesen einander widersprechenden Antworten? Folgt daraus, dass die Frage nach der Notwendigkeit der Religion hinsichtlich ihrer Trostfunktion unbeantwortet bleiben muss? Nein, denn in Anbetracht der unleugbaren Existenz atheistischer Lebensformen gibt es eine klare Antwort: Es besteht auch hinsichtlich der Trostfunktion keine Notwendigkeit der Religion. Denn es gibt unbestreitbar Atheisten, die fähig sind, Trost zu finden und zu spenden, ohne auf Heilserwartungen oder auf Gott zu rekurrieren. Folglich gibt es auch hinsichtlich der Trostfunktion Alternativen zur Religion. Eine solche Alternative könnte die Vorstellung einer Welt sein, die in sich und als Ganzes vollkommen harmonisch konzipiert ist. Dieses atheistische Urprinzip einer kosmologischen Harmonie könnte man sich weiterhin rein physikalisch mit dem Urknall entstanden denken. Trost würden wir in diesem areligiösen Weltbild durch die Zuversicht erfahren, dass sich in einer solchen Welt alle trostbedürftigen Kontingenzen früher oder später in Harmonie auflösen, also gemäß dem Motto: Alles wird gut, alles wird

---

[128] HABERMAS (1973b), a.a.O., S. 165.
[129] HABERMAS (1978), a.a.O., S. 45. Siehe auch: HABERMAS (1998), a.a.O., S. 177.

4.2 Die Weltbildfunktionen der Religion

Harmonie.[130] Dieses Beispiel einer profanen Trostfunktion, das leicht um weitere ergänzt werden kann, kann selbstverständlich weder eine These verifizieren noch begründen. Aber es hat als falsifizierendes Gegenbeispiel die Kraft, die These der Notwendigkeit der religiösen Trostfunktion zu widerlegen. Religion wäre, wie bereits betont, nur dann notwendig, wenn sie in den Lebenswelten eines jeden einzelnen Subjekts, also in allen Lebenswelten, notwendig wäre. Dies ist aber nicht der Fall. Denn es gibt, wie nachgewiesen wurde, durchaus Lebenswelten, in denen der Religion keine Rolle beim Trost zukommt. Damit ist Religion hinsichtlich des Trostes zwar nicht notwendig, aber möglich. Denn *als Antwort auf die Frage »Was ist dein einziger Trost im Leben und im Sterben?« ist der authentische Glaube etwas* [aber nicht alles], *was den ganzen Menschen ergreift und alle Aspekte seines Lebens bestimmt.*[131]

In diesem Abschnitt wurde gezeigt, dass HABERMAS im Trostbedürfnis des Menschen noch am ehesten ein Aufgabenfeld der Religion sieht. Allerdings überlässt er auch dieses Feld nicht vorbehaltlos der Religion bzw. der vormodernen Tradition. *Wenn eine leidende Kreatur nach Hilfe verlangt, wird man sehen, ob eine in bestimmten Traditionen verwurzelte Sprache, ein hinreichendes Volumen hat. Das ist zum Beispiel so ein Prozeß, wo man sehen kann, ob [...] Grundprädikate einer Sprache, in der man praktische Diskurse führen kann, akzeptabel sind oder ob sie eigentlich obsolet geworden sind, weil niemand sich darin wiedererkennt.*[132] Hieraus wird deutlich, dass HABERMAS auch im Umfeld des Trostbedürfnisses des Menschen ein Obsoletwerden der religiösen Sprache zumindest für denkbar hält. Diese Nichtnotwendigkeit der Religion begründet er aber vor allem im politischen und im staatlichen Bereich.

---

[130] Dies erinnert an das profane Weltbild der Kölner: Et is, wie et is. Et kütt, wie et kütt. Et is noch immer jod jejange (Es ist wie es ist. Es kommt, wie es kommt. Es ist noch immer gut gegangen).

[131] SCHNÄDELBACH, Herbert: Wiederkehr der Religion. Hamburg, DIE ZEIT, 33/2005.

[132] In: BAHR, a.a.O., S. 22.

4 HABERMAS: Religion im Umfeld der Theorie des kommunikativen Handelns

4.3 BEDEUTUNG DER RELIGION FÜR POLITIK UND STAAT

In der Bedeutung der Religion für Staat und Politik tritt der Kontrast zwischen den Theorien von HABERMAS und LÜBBE besonders deutlich hervor. Während LÜBBE der Religion umfangreiche und essentielle Funktionen im staatlichen Bereich zuweist, z.b. die im Abs. 3.2.1(B) erörterte staatliche Kontingenzbewältigung, begründet HABERMAS, dass die Religion in diesem Bereich, bis auf marginale Ausnahmen, bedeutungslos ist. Denn *die Moderne kann ihre orientierenden Maßstäbe nicht mehr Vorbildern anderer Epochen entlehnen. Die Moderne sieht sich ausschließlich auf sich selbst gestellt – sie muss ihre Normativität aus sich selber schöpfen.*[133] Ergo muss der moderne Staat alle Voraussetzungen und Ressourcen, von denen er lebt, aus sich selbst heraus erzeugen. Er muss auf eine *nicht-religiöse Grundlage umgestellt werden.*[134] Dies gilt für die Legitimation der staatlichen Macht, der politischer Ordnung und des Rechts (A), für die soziale Integration, die Identitätssicherung und die Solidarität der staatlichen Gemeinschaft (B) und für die Gerechtigkeit und die Moral (C).

(A) Legitimation

HABERMAS begründet im Kontrast zu LÜBBE, dass die Legitimation des Rechts, der staatlichen Gewalt und der politischen Ordnung keine Absicherung durch kirchliche auctoritas, religiös-dogmatische Prinzipien oder einen Rekurs auf Gott benötigt. In diesem Punkt unterscheiden sich traditionale und moderne Gesellschaften. Denn *der Ausdruck »traditionale Gesellschaft« bezieht sich auf den Umstand, daß der institutionelle Rahmen auf der fraglosen Legitimationsgrundlage von mythischen, religiösen oder metaphysischen Deutungen der Realität im ganzen - des Kosmos ebenso wie der Gesellschaft - ruht.*[135] Modernisierung

---

[133] HABERMAS (2003), a.a.O., S. 27. Siehe auch: HABERMAS (1985), a.a.O., S. 141.
[134] HABERMAS (2005c), a.a.O., S. 126.
[135] HABERMAS (1969), a.a.O., S. 67.

4.3 Bedeutung der Religion für Politik und Staat

bedeutet dagegen die *kritische Auflösung der traditionalen Form der Legitimation*.[136] Ein weiterer Unterschied traditionaler und moderner Gesellschaften besteht im wachsenden Legitimationsbedarf, denn *nicht mehr allein die Person des Herrschers muß gerechtfertigt werden, sondern eine politische Ordnung*.[137]

In modernen Staaten tritt *an die Stelle inhaltlicher Prinzipien, wie Natur oder Gott, das formale Prinzip der Vernunft*,[138] also eine Entwicklung, die bereits von ROUSSEAU vorbereitet und von KANT fortgeführt wurde. Folglich *erhalten die formalen Bedingungen der Rechtfertigung selber legitimierende Kraft. Die Prozeduren und Voraussetzungen vernünftiger Einigung werden selber zum Prinzip*.[139] In demokratischen Rechtsstaaten ist es also nach HABERMAS das demokratische Verfahren selbst, das die Legitimation der politischen Ordnung garantiert.[140] Damit transformiert er auch das Legitimationsproblem aus seiner traditionalen religiösen Abhängigkeit in eine Ebene der Sprache und des kommunikativen Handelns, in der die bereits oben aufgeführten Kommunikations- und Diskursbedingungen die religiösen Autoritäten ersetzen. Folglich haben *legitimierende Kraft allein Regeln und Kommunikationsvoraussetzungen*.[141] *Das demokratische Verfahren verdankt seine legitimitätserzeugende Kraft neben der Inklusion aller Beteiligten seinem deliberativen Charakter; denn darauf stützt sich die begründete Vermutung rationaler Ergebnisse in the long run*.[142] Diese sprachfundierte *Legitimation durch Verfahren*[143] gewährleistet, dass nur solche Normen gerechtfertigt werden, die ein verallgemeinerungsfähiges Interesse zum Ausdruck bringen und daher die wohlerwogene Zustimmung aller Betroffenen finden können.

---
[136] Ebd.
[137] HABERMAS (1976), a.a.O., S. 277.
[138] Ebd.
[139] Ebd.
[140] Siehe z.B. auch: HABERMAS (2005c), a.a.O., S. 100 und 140.
[141] HABERMAS (1976), a.a.O., S. 281.
[142] HABERMAS (2005c), a.a.O., S. 140.
[143] HABERMAS (1985), a.a.O., S. 85.

4 HABERMAS: Religion im Umfeld der Theorie des kommunikativen Handelns

Die *prozedurale Legitimität*[144] zeichnet sich vor allem durch ihre Offenheit für Kritik aus, während die religiösfundierte Legitimität den Anspruch auf Unangreifbarkeit erhebt. *Diese Unangreifbarkeit ist ein sinnvolles Kriterium für die Abgrenzung traditionaler Gesellschaften von solchen, die die Schwelle zur Modernisierung überschritten haben.*[145]

Die Legitimation durch Verfahren, die an die kommunikative Prozedur vernünftiger, diskursiver Willensbildung gebunden ist, entspricht einer rein *vernunftrechtlichen Legitimation der Volkssouveränität.*[146] Dies gilt auch für die Gesetzgebung. Denn der moderne Staat *bindet die Legitimität der Gesetze an das demokratische Verfahren ihrer Genese.*[147] Dies bedeutet, auch *der Universalismus der Rechtsprinzipien spiegelt sich in einem prozeduralen Konsens*[148], weil nur durch ihn die Neutralität staatlichen Rechts gegenüber religiösen Dogmen erreicht werden kann. Diese *Neutralität des Rechts gegenüber ethischen Differenzierungen im Inneren erklärt sich schon daraus, daß in komplexen Gesellschaften die Gesamtheit der Bürger nicht mehr durch einen substantiellen Wertekonsens zusammengehalten werden kann, sondern nur noch durch einen Konsens über das Verfahren legitimer Rechtsetzung und Machtausübung.*[149] Die Überführung des Legitimationsproblems in die Ebene der Sprache und des kommunikativen Handelns wird hier besonders deutlich. *Der demokratische Verfassungsstaat ist seiner Idee nach eine vom Volk selbst gewollte und durch dessen freie Willensbildung legitimierte Ordnung. Nach Rousseau und Kant sollen sich die Adressaten des Rechts zugleich als dessen Autoren begreifen können.*[150] HABERMAS verfolgt also ganz im Sinne

---

[144] HABERMAS (2001c), a.a.O., S. 143. Siehe auch: ders. (1996), a.a.O., S. 334.
[145] HABERMAS (1969), a.a.O., S. 67.
[146] HABERMAS (2003), a.a.O., S. 130.
[147] HABERMAS (1996), a.a.O., S. 281.
[148] Ebd., S. 264.
[149] Ebd., S. 263.
[150] Ebd., S. 136.

4.3 Bedeutung der Religion für Politik und Staat

KANTs die bereits durch ROUSSEAU vorbereitete strikte Trennung von Staat und Religion. Neu ist die sprachtheoretische Fundierung dieser Trennung.

Das auf Sprache fundierte demokratische Verfahren und *die formalen Verfahrensregeln reichen als legitimierende Entscheidungsprämissen aus und bedürfen ihrerseits keiner weiteren Legitimation.*[151] Damit ist das in der Verfassung verankerte demokratische Verfahren die letzte Legitimationsinstanz. Dieser Schlusspunkt der Legitimationskette erscheint willkürlich. Denn die Frage, wie denn der demokratische Prozess als solcher zu legitimieren ist, löst sich damit nicht auf. Letztendlich kann die Frage der Legitimationsbeschaffung beliebig fortgeführt werden, so dass sie in einen regressus in infinitum mündet; es sei denn man bricht die Fragekette ab, indem man an ihr Ende ein Unbedingtes setzt, z.B. einen transzendenten absoluten Gott. Damit wäre aber HABERMAS' postmetaphysisches Ziel, die Legitimation staatlicher Macht und politischer Ordnung ohne Rekurs auf religiöse Dogmen zu legitimieren, verfehlt. Wie löst er dieses Dilemma auf? Er löst es dadurch auf, dass er den unendlichen Regress zwar akzeptiert, ihm aber eine innerweltliche Bedeutung zuweist. Er schlägt vor, *den Regress selbst als den verständlichen Ausdruck des zukunftsoffenen Charakters der Verfassung demokratischer Rechtsstaaten zu verstehen.*[152] Dieses dynamische Verfassungsverständnis korreliert mit seiner Auffassung eines immer noch andauernden zukunftsoffenen Modernisierungsprozesses, dessen Ergebnis nicht vorherzusehen ist. Diese Ergebnisoffenheit ist uns nicht neu. Denn sie zeigte sich bereits bei der Versprachlichung des Sakralen (Abs. 4.1.1) und der Frage, ob am Ende des Modernisierungsprozesses ein Rest an Religion bleibt oder nicht (Abs. 4.1.4).

---

[151] HABERMAS (1973b), a.a.O., S. 135.
[152] HABERMAS (2001c), a.a.O., S. 143f.

4 HABERMAS: Religion im Umfeld der Theorie des kommunikativen Handelns

(B) Integration, Identitätssicherung und Solidarität

Jedes staatliche Gemeinwesen ist auf eine Integrationskraft angewiesen, wenn es nicht in Segmente zerfallen soll. HABERMAS begründet, entgegen LÜBBE, dass diese Kraft nicht notwendig von der Religion ausgeht. Denn *die soziale Integration hängt weitgehend von einem verständigungsorientierten Handeln ab, das auf der Anerkennung fallibler Geltungsansprüche beruht.*[153] Dies bedeutet, dass eine moderne, auf Kommunikation gegründete Gesellschaft in der Lage ist, die erforderliche Integrationskraft aus sich selbst heraus, also ohne Rekurs auf Religion, zu generieren. Denn die *Inklusion der Bevölkerung in den Status von Staatsbürgern erschließt dem Staat nicht nur eine neue säkulare Quelle der Legitimation, sie erzeugt zugleich die neue Ebene einer abstrakten, rechtlich vermittelten sozialen Integration.*[154] Auch hierin erweist sich nach HABERMAS der Übergang von der glaubensabhängigen Tradition zur postreligiösen Moderne. Denn *an die Stelle einer sozialen Integration durch Glauben tritt eine durch Kooperation.*[155] Moderne, liberale Staaten sind folglich über eine Verfassung und nicht über Gott integrierte Gemeinwesen. Damit wendet sich HABERMAS erneut gegen LÜBBE, der die Notwendigkeit der integrativen Funktion der Religion behauptet. Die Identität moderner Gesellschaften kann sich aber nicht mehr in Weltbildern artikulieren. Sie gründet nicht auf Inhalten, sondern auf formalen Bedingungen, die nach HABERMAS den Grundnormen der vernünftigen Rede immanent sind. Schließlich kann nach HABERMAS auch die Solidarität der Staatsbürger, die in liberalen Staaten eine Quelle der gesellschaftlichen Integration ist, ohne Rekurs auf göttliche Autoritäten garantiert werden. Denn die *demokratische Beteiligung schafft mit dem Status der Staatsbürgerschaft eine neue Ebene der rechtlich vermittelten Solidarität; zugleich erschließt sie dem Staat eine säkularisierte*

---

[153] HABERMAS (1996), a.a.O., S. 100.
[154] Ebd., S. 158.
[155] HABERMAS (1987b), a.a.O., S. 130.

4.3 Bedeutung der Religion für Politik und Staat

Quelle der Legitimation.[156] Ergo sind es wieder das demokratische Verfahren und der ihm inhärente Willensbildungsprozess, die als kommunikative Verfahren und innerweltliche und innerstaatliche Größen die Bürger solidarisieren und einigen. Dies bedeutet, *das „einigende Band" ist der demokratische Prozess selbst.*[157]

(C) Gerechtigkeit und Moral

Die Fähigkeit einer der kommunikativen Vernunft verpflichteten Gemeinschaft, alle ihre Voraussetzungen aus sich selbst heraus zu schöpfen, trifft nach HABERMAS auch auf die beiden Prämissen der Gerechtigkeit und der Moral zu. Denn *eine politische Gerechtigkeit, die auf eigenen moralischen Beinen steht, braucht von seiten der Wahrheit religiöser oder metaphysischer Weltbilder keine Rückendeckung mehr.*[158] *Dadurch [...] gewinnen moralische Urteile Unabhängigkeit von weltanschaulichen Kontexten. Die Richtigkeit moralischer Aussagen wird wie die Wahrheit assertorischer Aussagen in Begriffen der diskursiven Einlösung von Geltungsansprüchen erklärt.*[159] Hieraus folgt, dass nur der rationale Diskurs in Fragen der Gerechtigkeit und der Moral allgemein vertretbar und zumutbar ist.

HABERMAS erbringt also insgesamt den Nachweis, dass prinzipiell keine der in (A) bis (C) diskutierten staatlichen Voraussetzungen oder Prämissen einer religiösen Letzbegründung bedürfen, sondern dass der moderne Staat in der Lage ist, seine Voraussetzungen aus sich selbst heraus zu schöpfen und zu stabilisieren. Seine Theorie des kommunikativen Handelns legt hierfür den Grundstein. In ihr stellt er der spekulierenden und nach Letztbegründung suchenden Vernunft die kommunikative Vernunft gegenüber, die alle Aufgaben, die der Religion übertragen wurden, aus sich selbst heraus zu erfüllen vermag. Dies ist, im Sinne John

---
[156] HABERMAS (1996), a.a.O., S. 135.
[157] HABERMAS/RATZINGER (2005a), a.a.O., S. 24.
[158] HABERMAS (1996), a.a.O., S. 123.
[159] Ebd.

4 HABERMAS: Religion im Umfeld der Theorie des kommunikativen Handelns

RAWLS (1921-2002), eine *Forderung des öffentlichen Vernunftgebrauchs*.[160] Moderne staatliche Gemeinwesen sind folglich vernunftorientierte Kommunikations- oder Sprachgemeinschaften, in denen formale Kommunikations- und Diskursbedingungen die religiösen Autoritäten und Quellen vollständig ersetzen. In letzter Konsequenz folgt hieraus das Aussterben der Religion. Dies widerspricht unverkennbar der Konzeption LÜBBEs, welche die Notwendigkeit der Religion für Staat und Politik behauptet.

Trotz HABERMAS' Nachweis, dass der Staat seine Voraussetzungen aus sich selbst heraus schöpfen kann, bleiben doch Zweifel. Denn könnte es nicht sein, dass auch auf staatlicher und politischer Ebene, ebenso wie bei der Versprachlichung des Sakralen (Abs. 4.1.1) und der Kontingenzbewältigung (Abs. 4.2.1), ein Rest bleibt, welcher der Religion bedarf? Aufgrund der Endlichkeit der Vernunft, müsste auch hier dieser Rest auszuweisen sein. Auch HABERMAS hält diesen Rest für möglich. *Gewiss, im historischen Rückblick waren ein gemeinsamer religiöser Hintergrund und eine gemeinsame Sprache [...] hilfreich. Die republikanischen Gesinnungen haben sich inzwischen jedoch von diesen vorpolitischen Verankerungen weitgehend gelöst.*[161] HABERMAS spricht hier von „*weitgehend*" und unterstellt damit keine vollständige und restlose Loslösung. Doch worin besteht dieser verbleibende Rest an vorpolitischer Verankerung? HABERMAS führt ihn zunächst auf die Mentalität und die Motivation der Staatsbürger zurück, auf die der Staat ebenso angewiesen ist, wie auf die bereits oben aufgeführten Voraussetzungen. *Mentalitäten sind vorpolitischer Herkunft.*[162] Denn *der liberale Staat ist langfristig auf Mentalitäten angewiesen, die er nicht aus eigenen Ressourcen erzeugen kann.*[163] *Ebenso verhält es sich mit den Motivationen und Einstellungen, die von Staatsbürgern in der Rolle demokratischer Mitgesetzgeber*

---

[160] RAWLS, John: Politischer Liberalismus. Frankfurt am Main, Suhrkamp, 1998, S. 348.
[161] HABERMAS/RATZINGER (2005a), a.a.O., S. 24.
[162] HABERMAS (2005c), a.a.O., S. 151.
[163] Ebd., S. 9.

4.3 Bedeutung der Religion für Politik und Staat

erwartet werden.[164] HABERMAS geht zwar davon aus, *dass die Verfassung des liberalen Staates ihren Legitimationsbedarf selbstgenügsam, also aus den kognitiven Beständen eines von religiösen und metaphysischen Überlieferungen unabhängigen Argumentationshaushaltes bestreiten kann.*[165] Aber gleich darauf stellt er fest: *Auch unter dieser Prämisse bleibt allerdings ein Zweifel in motivationaler Hinsicht bestehen.*[166] Kann hieraus nun die Notwendigkeit der Religion abgeleitet werden? Nein, denn *daraus folgt noch nicht, dass der liberale Staat unfähig ist, seine motivationalen Voraussetzungen aus eigenen säkularen Beständen zu reproduzieren.*[167] Der kommunikativen Vernunft vertrauend, ist also nach HABERMAS die Feststellung eines Zweifels noch nicht hinreichend, die Selbststabilisierung des Staates aufzugeben und den Staat unnötigerweise auf religiösen Prämissen zu gründen.

Allerdings kann diese Selbststabilisierung durch eine *entgleisende Modernisierung der Gesellschaft*[168] gefährdet werden. *Dann würde genau jene Konstellation eintreten, die Böckenförde im Auge hat*[169], nämlich eine Konstellation, die möglicherweise doch eine Unterstützung des Staates durch die Religion erfordert. Denn die *ambivalente Moderne*[170] ist nicht frei von Problemen. Sie ist geprägt durch Pathologien und *Ungleichzeitigkeiten, die unter den Bedingungen einer beschleunigten oder misslingenden Modernisierung als Entwurzelung erfahren werden.*[171] So ist der wissenschaftlich-technische Fortschritt nicht nur Bringer von Wohlstand, sondern auch von Nebenfolgen, Risiken und Sinnkrisen. *Mit dem Begriff der Moderne verbindet sich kein Glücksversprechen mehr.*[172] Die Religion kann

---

[164] HABERMAS/RATZINGER (2005a), a.a.O., S. 22.
[165] Ebd.
[166] Ebd.
[167] Ebd., S. 23.
[168] Ebd., S. 26. Siehe auch: HABERMAS (2005c), a.a.O., S. 247.
[169] Ebd. Siehe auch: Abs. 3.2.3.
[170] Ebd., S. 28.
[171] HABERMAS (2005c), a.a.O., S. 120.
[172] HABERMAS (2003), a.a.O., S. 156.

4 HABERMAS: Religion im Umfeld der Theorie des kommunikativen Handelns

hier als Vehikel, wie oben dargelegt, nützliche Funktionen ausüben. Dies gilt auch für den liberalen Staat. Er *hat nämlich ein Interesse an der Freigabe religiöser Stimmen in der politischen Öffentlichkeit sowie an der politischen Teilnahme religiöser Organisationen. Er darf die Gläubigen und die Religionsgemeinschaften nicht entmutigen, sich als solche auch politisch zu äußern, weil er nicht wissen kann, ob sich die säkulare Gesellschaft sonst von wichtigen Ressourcen der Sinnstiftung abschneidet.*[173] HABERMAS erkennt folglich in der Sinnstiftung eine mögliche Bedeutung der Religion in einer *zerknirschten Moderne.*[174] Aber auch in der Förderung der Moral vermutet er eine solche Bedeutung. Denn *religiöse Überlieferungen besitzen für moralische Institutionen [...] eine besondere Artikulationskraft. Dieses Potential macht die religiöse Rede bei entsprechenden politischen Fragen zu einem ernsthaften Kandidaten für mögliche Wahrheitsgehalte, die dann aus dem Vokabular einer bestimmten Religionsgemeinschaft in eine allgemein zugängliche Sprache übersetzt werden können.*[175]

Mit der Überzeugung, dass die Religion mit ihrer besonderen Artikulationskraft die moralischen Institutionen und damit die Moral der Bürger fördern kann, nähert sich HABERMAS scheinbar nicht nur dem Konzept LÜBBEs, sondern auch dem ROUSSEAUs. Seine sprachtheoretische Fundierung bleibt dabei allerdings als entscheidender Unterschied unangetastet. Dies bedeutet, die Religion kann nur dann in modernen, pluralistischen Staaten von allgemeinem Nutzen sein, wenn ihre Gehalte in eine säkulare und damit für alle zugängliche Sprache übersetzt werden können. Das Subsystem Religion muss folglich hinsichtlich ihrer Gehalte durch Versprachlichung verflüssigt und damit verallgemeinert werden. Vorbild für diesen Vorgang ist die *Ethisierung der Weltbilder*[176] durch *die Umformung*

---

[173] HABERMAS (2005c), a.a.O., S. 137. Vgl.: ders.: ebd., S. 11 und HABERMAS (2001b), a.a.O., S. 22.
[174] HABERMAS/RATZINGER (2005a), a.a.O., S. 27.
[175] HABERMAS (2005c), a.a.O., S. 137.
[176] HABERMAS (1987a), a.a.O., S. 285.

4.3 Bedeutung der Religion für Politik und Staat

ihrer kognitiven Komponenten[177], die letztlich in einer Universalisierung der Moral mündet. Wenn stattdessen das Subsystem Religion nur funktionalisiert wird, dann bleibt der Nutzen der Religion nach HABERMAS partikulär. Damit widerspricht er LÜBBE, der in seinem Religionskonzept der Zivilreligion durchaus eine universale und nicht nur partikuläre Bedeutung zuweist.

Als Fazit dieses Abschnitts ist festzuhalten, dass auch in den Grenzen eines strikt postmetaphysischen Denkens die Religion, zumindest in Teilbereichen moderner Verfassungsstaaten, ein gewisses Bedeutungspotential hat. *So liegt es auch im eigenen Interesse des Verfassungsstaates, mit allen den kulturellen Quellen schonend umzugehen, aus denen sich das Normbewusstsein und die Solidarität von Bürgern speist. Dieses konservativ gewordene Bewusstsein spiegelt sich in der Rede von der „postsäkularen Gesellschaft"*[178], *die sich auf das Fortbestehen religiöser Gemeinschaften in einer sich fortwährend säkularisierenden Umgebung einstellt.*[179] Hieraus wird deutlich, dass *auch in einer sich fortgesetzt säkularisierenden Umgebung mit dem vitalen Fortbestehen der Religion gerechnet werden muss.*[180] Diese Wendung zur Religion, die gerade in HABERMAS' jüngsten Werken offenkundig wird, darf aber nicht als Bruch mit seinem postmetaphysischen Denken interpretiert werden. Schon gar nicht ist er *in den Rang eines anonymen Kirchenvaters*[181] aufgerückt. Denn auch in seinen jüngeren Werken ist sein Denken bedingungslos der Aufklärung, der kommunikativen Vernunft und der Religionskritik verpflichtet, auch wenn er der Religion ein etwas breiteres Bedeutungsspektrum zuweist als in seinen frühen Werken.

---

[177] Ebd.
[178] HABERMAS/RATZINGER (2005a), a.a.O., S. 32f.
[179] HABERMAS (2001b), a.a.O., S. 13. Sie auch: HABERMAS (2005c), a.a.O., S. 251.
[180] HABERMAS (2005c), a.a.O., S. 320.
[181] GROßE KRACHT, Hermann-Josef: Konkurrenz oder Komplementarität? Habermas und die Religion. Zürich, Orientierung Nr. 10, 61. Jahrgang, 31. Mai 1997, S. 111.

4 HABERMAS: Religion im Umfeld der Theorie des kommunikativen Handelns

Für den Begriff der *postsäkularen Gesellschaft* gibt HABERMAS allerdings keine klare Bestimmung, was Hans JOAS zur Kritik veranlasst, dass dieser Begriff *trotz vielfacher Wiederholung nicht plausibler*[182] werde. Aus dem Kontext heraus, lässt sich aber durchaus eine Begriffsbestimmung ableiten. Die *postsäkulare Gesellschaft* ist eine Gesellschaft, in welcher der Säkularisierungsprozess im Rahmen seiner Möglichkeiten abgeschlossen ist; allerdings nicht in dem Sinne, dass die Religion dabei obsolet geworden ist, sondern im Sinne eines Prozesses, der notwendig einen Restbestand an Religion übrig lässt. Religion ist ergo nicht gänzlich eliminierbar, was auf ihre Notwendigkeit verweist. Dieser Schluss ist aber falsch. Denn notwendig sind, wie oben begründet wurde, nur ihre Funktionen (und ggf. ihre kognitiven Gehalte), nicht aber die Religion selbst. Die Religion ist in ihren Funktionen, wie oben nachgewiesen wurde, prinzipiell ersetzbar (siehe auch Kapitel fünf). Darüber kann auch die gegenwärtige Revitalisierung der Religion als bloßes und ggf. nur vorübergehendes kontingentes Faktum nicht hinwegtäuschen. Ergo ist es zumindest denkbar, dass der von HABERMAS behauptete Religionsrest doch eines Tages verschwindet. Religion ist folglich immer nur möglich, aber niemals notwendig.

4.4 BEDEUTUNG DER RELIGION FÜR KRITIK UND REFLEXION

Die wohl wichtigste Bedeutung der Religion für die Moderne begründet HABERMAS in ihrem Potential, Kritik und Reflexion im Rahmen eines wechselseitigen Lernprozesses zu fördern, der auch von nichtreligiösen Staatsbürgern eine *Einübung in einen selbstreflexiven Umgang mit den Grenzen der Aufklärung erwartet*.[183] In seinem Buch *Zwischen Naturalismus und Religion* beschreibt HABERMAS das Verhältnis zwischen säkularen und gläubigen Bürgern als einen

---

[182] JOAS, Hans: Die Religion der Moderne. Hamburg, DIE ZEIT, 42/2005. Siehe auch: ders.: Braucht der Mensch Religion? Über Erfahrungen der Selbsttranszendenz. Freiburg, Herder, 2004, S. 122ff.
[183] HABERMAS/RATZINGER (2005a), a.a.O., S. 35.

4.4 Bedeutung der Religion für Kritik und Reflexion

Lernprozess[184], der durch die kulturelle und gesellschaftliche Säkularisierung hervorgerufen wird. Von welcher Art ist dieses Lernen und wie geht es vonstatten? Nach HABERMAS ist es zunächst ein Lernen aus der Tradition. Es ist aber keinesfalls ein bloß unkritisches und unreflektiertes Übernehmen und Ansammeln vormoderner Wissensbestände und religiös-dogmatischer Lehren, sondern *die fortgesetzte kritische Aneignung von Traditionen.*[185] Die Säkularisierung ist nach HABERMAS aber nicht nur die Quelle des Lernprozesses, sondern letztlich der Lernprozess selbst. Er schlägt vor, diesen Prozess *als einen doppelten Lernprozess zu verstehen, der die Traditionen der Aufklärung ebenso wie die religiösen Lehren zur Reflexion auf ihre jeweiligen Grenzen nötigt.*[186] Die *Säkularisierung als zweifacher und komplementärer Lernprozess*[187] fordert folglich säkulare und gläubige Bürger gleichermaßen zum reflexiven, selbstkritischen Lernen auf.

Die Trennung der Bürger in säkulare und gläubige Bürger, die HABERMAS im genannten Buch vornimmt, ist zu strikt dualistisch, weil sie den gläubigen Bürger zumeist mit dem religiösen identifiziert. Da die Religion aber nur ein Weltbild unter vielen ist, was HABERMAS ebenfalls einräumt (Abs. 4.2), gibt es nicht nur religiöse Gläubige, sondern auch Andersgläubige. Damit können selbst Atheisten, also säkulare Bürger, einen Glauben haben. Folgerichtig sind säkulare Bürger nicht notwendig Nichtgläubige; sie glauben nur nicht an einen Gott. HABERMAS' metaphorische Charakterisierung, dass religiöse Bürger mit *großem metaphysischen Gepäck*[188] und säkulare Bürger dagegen nur mit *schmalem metaphysischen Gepäck*[189] reisen, kann sich damit durchaus auch umgekehrt als gültig

---

[184] HABERMAS (2005c), a.a.O., S. 10, 144, 146, 322 u.a..
[185] HABERMAS (1998), a.a.O., S. 212.
[186] HABERMAS/RATZINGER (2005a), a.a.O., S. 17.
[187] Ebd., S. 31ff.
[188] HABERMAS (2005c), a.a.O., S. 270.
[189] Ebd.

4 HABERMAS: Religion im Umfeld der Theorie des kommunikativen Handelns

erweisen. Das metaphysische Gepäck eines säkularen Bürgers kann schwerer wiegen, als das religiöse Gepäck eines Christen. Schließlich sind säkulare und religiöse Bürger ohnehin stets in einer Person vereint, was auch HABERMAS betont. Dies zeigt sich an der *im modernen Staat angelegten Doppelidentität des Bürgers: er ist homme und citoyen in einem.*[190]

Säkularisierung als Lernprozess bedeutet vor allem eines: Kritik, Selbstkritik und Reflexion. Hieraus folgt für die profane Moderne eine besondere Herausforderung. Es ist die *Herausforderung einer grundsätzlichen Kritik am nachmetaphysischen und nichtreligiösen Selbstverständnis der westlichen Moderne.*[191] Von Seiten der Religion wird dieser selbstkritische Lernprozess vor allem durch ihr kognitives Potential initiiert und in Bewegung gehalten: *A cognitive capacity is above all a way of learning.*[192] Die Bedeutung der Religion in der Moderne besteht folglich darin, uns alle zur Selbstkritik herauszufordern und uns über die Grenzen unserer eigenen Vernunft aufzuklären. Damit wird die Religion selbst zur Aufklärerin. Nach HABERMAS kann sich aber das Lernen aus der Religion, im Sinne der *Theorie des kommunikativen Handelns*, nur in Begriffen der kommunikativen Vernunft und des kommunikativen Handelns vollziehen. Damit sind die sprachlichen Rahmenbedingungen für dieses Lernen festgelegt: *Reflexives Lernen vollzieht sich über Diskurse,*[193] also über rationale Argumente und eine Sprache, die allen Bürgen gleichermaßen zugänglich ist. Reflexiv wird das Lernen aus der vernünftigen und kritischen Aneignung religiöser Überlieferungen dann, wenn es zum Hinterfragen des eigenen säkularen, modernen Standpunktes nötigt. Es geht also um die selbstkritische *Vergewisserung der Grenzen der säkularen Vernunft*[194] und demzufolge um die *selbstreflexive Überwindung eines säkularistisch verhär-*

---

[190] HABERMAS (1976), a.a.O., S. 29.
[191] HABERMAS (2005c), a.a.O., S. 7.
[192] MENDIETA, Eduardo: Vorwort zu: HABERMAS (2002b), a.a.O., S. 20.
[193] HABERMAS (1973b), a.a.O., S. 28.
[194] HABERMAS (2005c), a.a.O., S. 146.

4.4 Bedeutung der Religion für Kritik und Reflexion

teten und exklusiven Selbstverständnisses der Moderne.[195] Hieraus folgt: *Auch säkulare oder andersgläubige Bürger können unter Umständen aus religiösen Beiträgen etwas lernen, was z.b. dann der Fall ist, wenn sie in den normativen Wahrheitsgehalten einer religiösen Äußerung eigene, manchmal verschüttete Intuitionen wiedererkennen.*[196] *Von ihm wird die Einübung in einen selbstreflexiven Umgang mit den Grenzen der Aufklärung erwartet.*[197] Folglich können wir den durch die Religion initiierten *kollektiven Lernprozess*[198] auch als einen *selbstreflexiven Lernprozess*[199] deuten, der die Moderne gegenüber der Tradition auszeichnet, in der autoritative Quellen noch eine zentrale und absolute Bedeutung hatten. Denn *das moderne Selbstverständnis ist [...] durch einen egalitären Universalismus geprägt, der zur Dezentrierung der jeweils eigenen Perspektive anhält; er nötigt dazu, die eigene Sicht an den Deutungsperspektiven der gleichberechtigten Anderen zu entrelativieren.*[200]

Die enge Festlegung des Lernprozesses auf Diskursbedingungen ist nicht unproblematisch. Denn für das zwischenmenschliche Lernen von säkularen und religiösen Bürgern sind diese Bedingungen, die im Wissenschaftsbetrieb zweifelsfrei legitim sind, gegebenenfalls zu strikt. So verlässt der Diskurs den *Bereich der wirklichen Begegnung, indem der Andere als Diskursteilnehmer nicht mehr als Person, sondern nur noch als Lieferant von Argumenten und Träger von allgemeinen Rechten eine Rolle spielt.*[201] Dies bedeutet, dass die Vielfalt an religiö-

---

[195] Ebd., S. 145.
[196] Ebd., S. 137.
[197] HABERMAS (2005a), a.a.O., S. 35.
[198] HABERMAS (2005c), a.a.O., S. 10.
[199] HABERMAS, Jürgen: Der gespaltene Westen. Frankfurt am Main, Suhrkamp, 2004b, S. 19.
[200] HABERMAS (2004b), a.a.O., S. 40.
[201] WERNER, Hans-Joachim: Dialog und Diskurs. Reflexionen über „Anderheit" bei Martin Buber und Jürgen Habermas. Vortrag vor der Philosophischen Sektion der Martin Buber-Gesellschaft am 23. Oktober 2004. Marburger Forum, Jg. 5 (2004), Heft 6 und unter http://www.philosophia-online.de/mafo/heft2004-6/Werner_Buber_Habermas.htm. Stand: Juli 2009.

ser Erfahrung und Orientierung das schmale Filter der Diskursbedingungen passieren muss, wodurch möglicherweise fruchtbare und lehrreiche religiöse Erfahrungen dem Lernprozess entzogen werden.

Der durch die Religion mitinitiierte Lernprozess wäre kein doppelter, wenn er nur den profanen Bürger zur Selbstkritik herausfordern würde. Zu diesem Prozess gehört nach HABERMAS vor allem auch die Selbstkritik der Religion, als Quelle ihrer Modernisierung, die mit der Modernisierung der Gesellschaft einhergeht. *In modern societies, religious doctrines has to accommodate itself to the unavoidable competition with other forms of faith, and other claims to truth. It not longer moves in a self-contained universe directed, so to speak, by its own absolute truth. Every religious doctrine today encounters the pluralism of different forms of religious truth - as well as the skepticism of a secular, scientific mode of knowing that owes its social authority to a confessed fallibility and a learning process based on long-term revision. [...]. Each religious faith must build a relationship with competing messages of other religions, just as much as with the claims of science and a secularized, halfway-scientific common sense.*[202] Hieraus zieht HABERMAS den Schluss: *Thus modern faith becomes reflexive. Only through self-criticism can it stabilize the inclusive attitude that it assumes within a universe of discourse delimited by secular knowledge and shared with other religions. This decentered background consciousness of the relativity of one's own standpoint certainly does not necessarily lead to the relativization of articles of faith themselves, but it is nevertheless characteristic of the modern form of religious faith.*[203] Aus diesem längeren Zitat wird deutlich, dass die Modernisierung der Religion den gleichen Bedingungen unterliegt, wie die Modernisierung der Gesellschaft: Lernen durch reflexive Selbstkritik. *Die obersten Prinzipien verlieren ihren fraglosen Charakter; der religiöse Glaube und die theoretische Ein-*

---

[202] HABERMAS (2002b), a.a.O., S. 150.
[203] Ebd.

4.4 Bedeutung der Religion für Kritik und Reflexion

stellung werden reflexiv.[204] Dennoch besteht ein entscheidender Unterschied, denn das Lernen der Religion untersteht der *Beachtung des Vorrangs säkularer Gründe*[205] und folglich der Vernunft (siehe auch Abs. 5.3). Essentielle Ergebnisse dieses Lernens sind die Dezentrierung und Relativierung des eigenen Standpunkts, die Relativierung universalistischer Geltungsansprüche sowie *die gegenseitige Anerkennung des Anderen in seiner Andersheit.*[206] Aus religiöser Sicht bedeutet die Forderung nach Relativierung den Verzicht auf absolute Standpunkte und Wahrheiten, also die Entdogmatisierung. Wenn damit zugleich der Anspruch verloren geht, die Welt als ein Ganzes zu deuten, verliert die Religion auch ihren Charakter als Weltbild. Das Problem der Einheit der Welt geht dann über in ein Problem der Einheit der Vernunft.[207]

Der doppelte Lernprozess, den HABERMAS der Säkularisierung zuweist, hat einen universalen anthropologischen Grund, nämlich die Gleichnatürlichkeit von Glaube und endlicher Vernunft (Abs. 1.2 und Abs. 5.2.4). Im Sinne dieser These können wir den doppelten Lernprozess als ein natürliches, wechselseitiges Ergänzen und Begrenzen von Glaube und Vernunft deuten, folglich als einen Prozess, der in der Naturanlage des Menschen verankert ist. Da Glaube und Vernunft bzw. Glaube und Wissen ihre Grenzen und Pathologien haben[208], fordert der Lernprozess *die reflexive Vergewisserung von Grenzen sowohl des Glaubens wie des Wissens.*[209] Im Sinne der These von der Gleichnatürlichkeit von Glaube und endlicher Vernunft wäre es aber falsch, diesen Reflexionsbedarf auf das Verhältnis von Vernunft und Religion zu begrenzen und damit auf die Frage RATZINGERs einzuengen, die er in seinem Gespräch mit HABERMAS formulierte:

---

[204] HABERMAS (1976), a.a.O., S. 19.
[205] HABERMAS (2005c), a.a.O., S. 145.
[206] HABERMAS (2004b), a.a.O., S. 48.
[207] Vgl.: HABERMAS (1976), a.a.O., S. 19f.
[208] Vgl.: HABERMAS/RATZINGER (2005a), a.a.O., S. 56.
[209] HABERMAS (2005c), a.a.O., S. 8.

4 HABERMAS: Religion im Umfeld der Theorie des kommunikativen Handelns

Sollten vielleicht Religion und Vernunft sich gegenseitig begrenzen und je in ihre Schranken weisen und auf ihren positiven Weg bringen?[210] Denn der Vernunft steht nicht allein die Religion, also der Glaube an religiöse Weltanschauungen gegenüber, sondern der Glaube an Weltbilder und Weltanschauungen unterschiedlichster Art. Folglich muss die Vernunft nicht nur dem religiösen Glauben die Grenzen aufzeigen, sondern ebenso dem Glauben an metaphysische, kosmologische, ideologische oder szientistisch-naturalistische Weltdeutungen. Das Verhältnis von Glaube und Vernunft ist also nicht nur ein bilaterales, sondern ein multilaterales. Folglich ist der Lernprozess nicht nur auf das Verhältnis von Glaube und Vernunft fokussiert, sondern gleichfalls auf das Verhältnis von glaubensabhängigen Weltbildern untereinander. Hier tritt nun das Problem auf, dass Differenzen in Weltbildern, nur schwer oder gar nicht zu eliminieren und die damit verbundenen Streitigkeiten auf der kognitiven Diskursebene nicht zu beseitigen sind. *Die Konkurrenz zwischen Weltbildern und religiösen Lehren, die die Stellung des Menschen im Ganzen der Welt zu erklären beanspruchen, lässt sich auf der kognitiven Ebene nicht schlichten.*[211] Für die Politik ist damit die Aufgabe verbunden, diese *kognitiven Dissonanzen*[212], die nicht diskursiv beseitigt werden können, zu entpolitisieren und in ihren Wirkungen auf den Staat zu neutralisieren. Es ist folglich ein politisches Programm, das durch ROUSSEAUs contrat social vorbereitet und durch KANTs Kritik an den Absolutheitsansprüchen des statutarischen Kirchenglaubens fortgesetzt wurde.

4.5 HABERMAS, KANT UND DIE RELIGION

Bereits in den vorangegangenen Abschnitten wurde, wo es aufschlussreich erschien, die Überlegungen LÜBBEs und HABERMAS' mit denen KANTs kontrastiert. Dies soll hier nicht wiederholt, sondern ergänzt werden um Aspekte, die

---
[210] Ebd., S. 48.
[211] HABERMAS (2005c), a.a.O., S. 141.
[212] Ebd.

4.5 HABERMAS, KANT und die Religion

insbesondere Gemeinsamkeiten und Gegensätze in den Konzepten zur Religion von KANT und HABERMAS offenlegen.

HABERMAS verfolgt nicht nur das Ziel der Versprachlichung religiös-metaphysischer Gehalte, sondern auch die Übertragung der transzendentalen Begrifflichkeit KANTs in eine sprachliche Ebene. Denn *Kant hat sich in einem Paradigma bewegt, das der Sprache keine konstitutive Rolle für Theorie und Praxis zugesteht.*[213] Mit einer *detranszendentalisierenden Abrüstung der apriorischen Verstandeskategorien und Anschauungsformen*[214] versucht HABERMAS die Transzendentalbegriffe KANTs zu retten, indem er sie in neuer sprachlicher Gestalt in seine Theorie des kommunikativen Handelns integriert. Er stützt sich dabei allein auf die *Grundnormen der vernünftigen Rede, die wir, sofern wir überhaupt Diskurse führen, immer schon supponieren müssen. Dieser, wenn man will: transzendentale Charakter der Umgangssprache*[215] garantiert ihm, dass die Transzendentalbegriffe KANTs in der Ebene der Sprache ihre analoge Entsprechung finden. *An die Stelle der transzendentalen Subjektivität des Bewußtseins tritt die detranszendentalisierte Intersubjektivität der Lebenswelt*[216] und an die Stelle der transzendentalen Vernunft tritt in der öffentlichen Praxis der Sprachgemeinschaft die kommunikative oder *detranszendentalisierte Vernunft*[217]. HABERMAS verfolgt demnach das Ziel der *Verlagerung der Vernunft aus dem Bewußtsein des erkennenden Subjekts in die Sprache als dem Medium über das handelnde Subjekte miteinander kommunizieren.*[218] Aus religionsphilosophischer Perspektive ist vor allem die Detranszendentalisierung der Vernunftidee des Unbedingten von Bedeutung. Hier ist es das Ziel von HABERMAS, *den Sinn des*

---

[213] HABERMAS (2001d), a.a.O., S. 49.
[214] Ebd., S. 18.
[215] HABERMAS (1973b), a.a.O., S. 152.
[216] HABERMAS (2004a), a.a.O., S. 41.
[217] HABERMAS (2001d), a.a.O., S. 7ff
[218] HABERMAS (2004a), a.a.O., S. 243f.

4 HABERMAS: Religion im Umfeld der Theorie des kommunikativen Handelns

Unbedingten ohne Metaphysik[219] und demzufolge ohne einen Rekurs auf religiösautoritative Quellen zu retten. Dies ist nach HABERMAS deshalb möglich, weil es eine Analogie zwischen der nach KANT *totalisierenden Bewegung der Vernunft, die als »Vermögen der Ideen« alles Bedingte auf ein Unbedingtes hin transzendiert, und der Unbedingtheit der im kommunikativen Handeln erhobenen Geltungsansprüche*[220] gibt. HABERMAS erreicht demnach sein Ziel, indem er den Begriff der Unbedingtheit in die sprachliche und damit innerweltliche Ebene der Kommunikationsgemeinschaft transformiert. *Die kontrafaktische Bezugnahme auf eine solche unbegrenzte Kommunikationsgemeinschaft ersetzt das Ewigkeitsmoment oder den überzeitlichen Charakter von »Unbedingtheit« durch die Idee eines offenen, aber zielgerichteten Interpretationsprozesses, der die Grenzen des sozialen Raums und der historischen Zeit von innen aus der Perspektive einer in der Welt verorteten Existenz heraus transzendiert.*[221] Dies bedeutet, vereinfachend ausgedrückt: *Unbedingtheit ist die ideale Aufwertung des kritischen Publikums zu einer »letzten« Instanz.*[222] HABERMAS' Begriff der Unbedingtheit ist damit innerweltlich und gründet auf der Forderung der Diskursteilnehmer, dass ein gefundener Konsens für alle verbindlich ist und damit unbedingte, universale Geltung beanspruchen kann. Die Unbedingtheit des Geltungsanspruches basiert also allein auf den allgemein akzeptierten Kommunikations- und Diskursbedingungen und nicht auf einem außerhalb der Sprachgemeinschaft liegenden Unbedingten. Dabei macht es keinen Unterschied, ob dieses außersprachliche Unbedingte eine Vernunftidee oder eine göttliche Autorität ist. Beides ist nach HABERMAS in modernen, postreligiösen und postmetaphysischen Kommunikationsgemeinschaften, also in modernen Staaten, nicht mehr nötig. Die sprachliche Wende in der Philosophie, die HABERMAS' Theorie der Religion von KANTs Religionsphilosophie trennt, wird hier besonders deutlich. Auf ihr gründen die

---

[219] HABERMAS (1992), a.a.O., S. 119f.
[220] HABERMAS (2001d), a.a.O., S. 13f.
[221] Ebd., S. 124.
[222] HABERMAS (2001d), a.a.O., S. 35.

4.5 HABERMAS, KANT und die Religion

wesentlichen Unterschiede, die sich in ihren Religionskonzeptionen ausweisen lassen.

Ebenso wie KANT, so reduziert auch HABERMAS zuallererst die Religion auf Moral. *Die Geltung allgemein verbindlicher moralischer Regeln kann jedenfalls nicht mehr mit Gründen und Interpretationen erklärt werden, welche die Existenz und die Rolle eines transzendenten Schöpfer- oder Erlösergottes voraussetzen.*[223] Er strebt demnach eine Diskursethik und Rechtfertigung der Moral ohne Religion an.[224] Während aber für KANT die Grundlage dieser Moral die Vernunft des einzelnen Menschen ist, ist es für HABERMAS die kommunikative Vernunft, die einer jeglichen sprachlichen Kommunikation inhärent ist.

In einer *modernen Religion, die auf eine profane Kommunikationsethik zusammengeschrumpft ist*,[225] gehen das Element des Glaubens und mit ihm die Weltbilddimension verloren. HABERMAS hat aber Zweifel, ob Religion nicht doch mehr ist als Moral und ob daher durch die Versprachlichung des Sakralen nicht mehr zu retten ist, als das rein Moralische. So gesteht er in einem Interview ein, dass er *zu schnell eine affirmative Antwort auf die Frage suggeriert habe, »ob denn von den religiösen Wahrheiten, nachdem die religiösen Weltbilder zerfallen sind, nicht mehr und nicht anderes als nur die profanen Grundsätze einer universalistischen Verantwortungsethik gerettet, und das heißt: mit guten Gründen, aus Einsicht, übernommen werden können.«*[226] Eine affirmative Antwort ist nach HABERMAS also falsch. Vielmehr ist gegenwärtig gar keine prüfbare Antwort möglich, denn *der Prozeß einer kritischen Aneignung wesentlicher Gehalte der religiösen Überlieferung ist noch im Gang, sein Resultat schwer vorherzusagen.*[227] Im Anschluss an diese Aussage zitiert HABERMAS sich selbst,

---

[223] HABERMAS (1996), a.a.O., S. 20.
[224] Vgl: Ebd., S. 56ff.
[225] HABERMAS (1976), a.a.O., S. 17.
[226] HABERMAS, Jürgen: Texte und Kontexte. 2. Auflage. Frankfurt am Main, Suhrkamp, 1992, S. 141.
[227] Ebd.

indem er sein bereits oben wiedergegebenes „Vorerst?"-Zitat wiederholt (Abs. 4.2.1). An anderer Stelle scheint er sich dann aber sicher: *natürlich lässt sich die christliche Religion ebensowenig auf Ethik wie die griechische Philosophie auf Kosmologie reduzieren.*[228] Eine ähnliche Feststellung trifft er in seinem Buch *Zwischen Naturalismus und Religion*. Dort behauptet er: *Die reine praktische Vernunft kann sich nicht mehr so sicher sein, allein mit Einsichten einer Theorie der Gerechtigkeit in ihren bloßen Händen einer entgleisenden Modernisierung entgegenwirken zu können.*[229]
Während also KANT unbeirrt an seiner Behauptung festhält, dass Religion vollständig auf Moral, also auf die praktische Vernunft reduzibel ist, räumt HABERMAS ein, dass Religion mehr als nur Moral ist und sich deshalb nicht vollständig auf Moral reduzieren lässt. Dieses Mehr versucht HABERMAS, im Gegensatz zu KANT, durch die Übersetzung der partikulären sakralen Sprache in eine allgemeine profane Sprache zu retten (siehe oben). Was aber allein die moralischen Gehalte der Religion betrifft, so gibt KANT *das erste große Beispiel für eine säkularisierende und zugleich rettende Dekonstruktion von Glaubenswahrheiten.*[230] *Gegen den Skeptizismus möchte er Glaubensinhalte und Verbindlichkeiten der Religion, die sich innerhalb der Grenzen der bloßen Vernunft rechtfertigen lassen, retten. Die Religionskritik verbindet sich mit dem Motiv der rettenden Aneignung.*[231]
HABERMAS, der sich streng an seine postmetaphysischen und diskurstheoretischen Prämissen hält, kritisiert an KANT insbesondere zweierlei: erstens seinen Rekurs auf die subjektive transzendentalisierte Vernunft, die HABERMAS in die detranszendentalisierte öffentliche Vernunft der Kommunikationsgemeinschaft überführt (siehe oben), und zweitens seine nicht völlige Loslösung von metaphysischen und religiösen Elementen. Denn KANT gründet einerseits die Moral zwar

---

[228] HABERMAS (1987a), a.a.O., S. 295.
[229] HABERMAS (2005c), a.a.O., S. 218.
[230] HABERMAS (2001b), a.a.O., S. 23f.
[231] HABERMAS (2005c), a.a.O., S. 218.

4.5 HABERMAS, KANT und die Religion

vollständig auf der Selbstgesetzgebung der Vernunft, lässt aber andererseits die praktische Vernunft eine Gottesidee postulieren (Postulatenlehre), wodurch die Moral formal zu einem Religionsglauben wird. Wie begründet er dieses Konzept? Zunächst gilt für KANT, dass moralisches Handeln keinen Zwecken verpflichtet ist. Dennoch kann es der Moral, so KANT, nicht egal sein, was aus ihr herauskommt. Aus diesem Grund entwickelt die Vernunft aus sich selbst heraus einen moralischen Endzweck, der als höchstes Gut die Moral mit der Glückseligkeit verbindet. Doch *ist das höchste Gut in der Welt nur möglich, sofern eine oberste Ursache der Natur angenommen wird, [...] d.i. Gott. Folglich ist das Postulat der Möglichkeit des höchsten abgeleiteten Guts (der besten Welt) zugleich das Postulat der Wirklichkeit eines höchsten ursprünglichen Guts, nämlich der Existenz Gottes.*[232] Da es unsere Pflicht ist, das höchste Gut zu befördern, lautet KANTs Schluss: *es ist moralisch notwendig, das Dasein Gottes anzunehmen.*[233] Zu dieser Pflicht gehört auch das Streben nach der einen wahren Kirche, die allein auf dem reinen Religionsglaube gründet, um damit die Idee des Reichs Gottes auf Erden als ethisches Gemeinwesen zu verwirklichen. *Auf solche Weise führt das moralische Gesetz durch den Begriff des höchsten Guts, als das Objekt und den Endzweck der reinen praktischen Vernunft, zur Religion, d.i. zur Erkenntnis aller Pflichten als göttlicher Gebote.*[234] Die moralischen Gesetze des göttlichen Willens sind demnach die moralischen Gesetze der Vernunft. Gott ist damit denknotwendig. Er ist also eine Vernunftidee, d.h. ein Begriff unserer Vernunft. Dies bedeutet, die menschliche Existenz führt notwendig zur Idee Gottes. Nur sie ist nach KANT erweisbar, nicht aber die Existenz Gottes als solche. Die Quelle religiöser Ideen liegt ergo in uns selbst. Dieses Konzept wurde in der Nachfolge KANTs vor allem durch Johann Gottlieb FICHTE (1762-1814) weiter ausgearbeitet.

---

[232] KANT, Immanuel: Kritik der praktischen Vernunft. Hamburg, Felix Meiner, 1993b, S. 144.
[233] Ebd.
KANT nennt insgesamt drei Postulate der praktischen Vernunft: *Diese Postulate sind die der Unsterblichkeit, der Freiheit [...] und des Daseins Gottes.* In: KANT (1993b), a.a.O., S. 152.
[234] Ebd., S. 148.

4 HABERMAS: Religion im Umfeld der Theorie des kommunikativen Handelns

Nach HABERMAS bedeutet diese Konzeption KANTs die *Einführung einer problematischen Pflicht, die das Sollen so weit über menschliches Können hinausschießen lässt, dass die Asymmetrie mit der Erweiterung des Wissens um den Glauben geheilt werden muss. Darin spiegelt sich auch das Dilemma, in das sich Kant durch den Widerstreit seiner Absicht, der Religion gleichzeitig als Erbe wie als Opponent gegenüberzutreten, verstrickt. Einerseits betrachtet er die Religion als Quelle einer Moral, die den Maßstäben der Vernunft genügt, andererseits als finsteren Hort, der von Obskurantismus und Schwärmerei philosophisch gereinigt werden muss.*[235] HABERMAS bringt dieses Dilemma in einer kurzen aber prägnanten Aussage auf den Punkt: *Die Vernunft kann den Kuchen der Religion nicht gleichzeitig verzehren und behalten wollen.*[236] Gegen die These KANTs von der einen wahren reinen Religion, der einen wahren Kirche und des einen ethischen Gemeinwesens wendet er ein, dass sie in einer modernen pluralistischen Gesellschaft, die durch eine Vielfalt von Weltbildern und Weltanschauungen geprägt ist, ihre Gültigkeit verloren hat. Denn den mannigfaltigen Weltbildern und Lebensweisen sind *konkurrierende Endzwecke eingeschrieben.*[237] Zwischen diesen Endzwecken besteht ein *vernünftigerweise zu erwartender Dissens, der [...] in öffentlichen Diskursen zur Sprache gebracht werden muss.*[238] Hieraus folgt, dass KANTs Begriffe in der säkularisierten Moderne *von Haus aus im Plural auftreten.*[239] Seine Religionsphilosophie ist folglich in der Moderne nicht mehr uneingeschränkt gültig.

Trotz dieser Kritik ist KANTs Religionsphilosophie aber für die Moderne nicht ohne Bedeutung. So *verdient die konstruktive Absicht der Kantischen Religionsphilosophie nach wie vor unser Interesse, wenn wir wissen möchten, was wir, unter Bedingungen nachmetaphysischen Denkens, von der Artikulationskraft der*

---

[235] HABERMAS (2005c), a.a.O., S. 236.
[236] Ebd.
[237] Ebd., S. 249.
[238] Ebd.
[239] Ebd., S. 248.

4.5 HABERMAS, KANT und die Religion

Weltreligionen für den Gebrauch der praktischen Vernunft lernen können.[240] Auch HABERMAS' Kritik an KANTs Postulatenlehre ist zu relativieren. Denn *in gewisser Weise versöhnt schon die Postulatenlehre die Selbstgewissheit der religionskritischen Vernunft mit der Absicht einer rettenden Übersetzung religiöser Gehalte.*[241] *KANTs Bestimmungen der Grenzen des nachmetaphysischen (und nachchristlichen) Denkens können uns heute immer noch als Maßstab dienen, wenn wir uns in der gegenwärtigen philosophischen Landschaft über das Verhältnis von Glauben und Wissen orientieren wollen.*[242] HABERMAS geht es dabei vor allem um die Philosophie selbst, die nach ihm nur innerhalb der postmetaphysischen Grenzen sinnvoll und vor vernunftübersteigender, religiöser Schwärmerei zu schützen ist. *Kants religionsphilosophische Einschränkung der Vernunft auf ihren praktischen Gebrauch betrifft heute weniger die religiöse Schwärmerei als vielmehr eine schwärmerische Philosophie, die sich verheißungsvolle Konnotationen eines erlösungsreligiösen Wortschatzes nur ausleiht und zunutze macht, um sich von der Strenge diskursiven Denkens zu dispensieren. Auch das können wir von Kant lernen: Seine Religionsphilosophie lässt sich im Ganzen als Warnung vor »religiöser Philosophie« verstehen.*[243]

Abschließend soll hier noch eine Analogie aufgezeigt werden, auf die HABERMAS selbst nicht hinweist. HABERMAS' Theorie ermöglicht, wie oben nachgewiesen wurde, den Schluss, dass die Religion nach vollständiger Übersetzung ins Profane verschwindet bzw. sich in die kommunikative Vernunft auflöst. Auch KANT hält das Obsoletwerden der institutionalisierten Religion, also des Kirchenglaubens, für denkbar; zwar nicht in der Weise eines Übergangs in die kommunikative Vernunft, sondern als ein Übergang in die reine Vernunftreligion oder den reinen Religionsglauben. Allerdings ist KANT zunächst noch vorsichtig. Dies

---
[240] Ebd., S. 236.
[241] Ebd., S. 237.
[242] Ebd., S. 252.
[243] Ebd., S. 257.

4 HABERMAS: Religion im Umfeld der Theorie des kommunikativen Handelns

zeigt seine rhetorische Frage, *ob ein historischer (Kirchen-) Glaube jederzeit als wesentliches Stück des seligmachenden, über den reinen Religionsglauben hinzukommen müsse, oder ob er als bloßes Leitmittel endlich, wie ferne diese Zukunft auch sei, in den reinen Religionsglauben übergehen könne.*[244] Letztere Option wäre zu bejahen, wenn der *Kirchenglaube, ein Prinzip bei sich führe, dem reinen Religionsglauben sich kontinuierlich zu nähern, um jenes Leitmittel endlich entbehren zu können.*[245] Da der offenbarten Religion der reine Religionsglaube inhärent ist, hat sie hierzu zumindest das Potential, denn *einem Teile nach wenigstens muß jede, selbst die geoffenbarte Religion, doch auch gewisse Prinzipien der natürlichen enthalten.*[246] Hieraus schließt KANT, dass *wenn sie nicht in einer ganz sichern Tradition oder in heiligen Büchern als Urkunden aufbehalten würde, so würde sie aus der Welt verschwinden.*[247] Hieraus folgt, dass KANT es zumindest für denkbar hält, dass die kirchlich verfasste Religion, also der Kirchenglaube, im Zuge einer fortgesetzten Aufklärung und Säkularisierung tatsächlich eines Tages obsolet werden könnte. Nur die Tatsache, dass sie in Büchern schriftlich fixiert ist, könnte sie ggf. davor bewahren.

Damit stellt sich erneut die Frage nach der Notwendigkeit religiöser Weltbilder und vor allem nach den Gründen die für oder gegen diese Notwendigkeit sprechen. Im folgenden Kapitel soll diese Frage, aufbauend auf den bisherigen Ergebnissen, systematisch und logisch stringent beantwortet werden.

---

[244] KANT (2004), a.a.O., S. 152.
[245] Ebd., S. 150f.
[246] Ebd., S. 205.
[247] Ebd.

5 Ist Religion in der Moderne notwendig?

> *Es ist nur eine (wahre) Religion; aber es kann vielerlei Arten des Glaubens geben.*
> *Immanuel Kant 1793.*

Folgen wir ROUSSEAU und LÜBBE, so ist diese Frage, wie gezeigt wurde, bedingungslos zu bejahen. Denn nach ROUSSEAUs Theorie ist die Religion als religion civil ein obligatorisches Mittel zur Förderung von Moral und Frieden und gemäß der Theorie LÜBBEs ein unverzichtbares funktionales Instrument zur Kontingenzbewältigung, Staatslegitimation und Identitätsstiftung. Dass die Religion in der Moderne nicht ausgestorben ist, sondern gegenwärtig sogar eine Revitalisierung erfährt, ist nach LÜBBE ein deutlicher Nachweis für die Gültigkeit seiner These der Notwendigkeit der Religion. Auch HABERMAS tendiert in seinen jüngsten Werken zu einer affirmativen Antwort. In den folgenden beiden Abschnitten wird zunächst der Versuch unternommen, diese These zu widerlegen. Es wird folglich begründet, dass erstens die Revitalisierung nicht die Notwendigkeit der Religion beweist (Abs. 5.1) und dass zweitens die Unbedingtheit der affirmativen Antwort nicht plausibel ist (Abs. 5.2). Letzteres schließt die Begründung der bereits in der Einleitung (Kapitel eins) vorgestellten vier Thesen zur Bedeutung von Religion, Glaube und Weltbild für die Moderne ein.

5.1 Notwendigkeit der Religion als Fehlschluss

LÜBBE zeigt, dass trotz Aufklärung die Religion nicht verschwunden ist und vor allem als Zivilreligion weiterlebt. Er sieht hierin einen Beleg für ihre Notwendigkeit und gibt als Grund die Kontingenz an, die allein durch Religion bzw. Zivilreligion bewältigt werden könne. Dieser Schluss auf Notwendigkeit ist nicht plausibel. Zum einen, weil ein Beleg kein Beweis ist und zum anderen aus logischen Gründen. Denn wenn trotz Aufklärung die Religion in der Moderne nicht verschwunden ist, dann folgt daraus nicht logisch stringent ihre Notwendigkeit,

5 Ist Religion in der Moderne notwendig?

sondern nur, dass wir noch nicht in einem vollständig aufgeklärten Zeitalter leben. Dies kann man leicht anhand eines Syllogismus verdeutlichen. Seine erste Proposition, eine Implikation, lautet: Wenn wir in einem aufgeklärten Zeitalter (A) leben, dann gibt es keine Religion (~R), d.h. A⊃~R. Die zweite Proposition ist LÜBBEs Feststellung: Es gibt aber Religion (R). Aus diesen beiden Propositionen folgt mit der logischen Stringenz des Modus Tollens die Konklusion: Wir leben nicht in einem aufgeklärten Zeitalter (~A). Folglich leben wir im Sinne KANTs immer noch in einem *Zeitalter der Aufklärung*[1], in dem der Aufklärungsprozess noch andauert. Was bedeutet das für uns? Es bedeutet, diesen Prozess fortzusetzen und zu lernen, religiöse und zivilreligiöse Orientierungen und Weltsichten nicht unreflektiert, autoritativ und affirmativ aufzugreifen. Es ist vielmehr eine Forderung der aufgeklärten Vernunft, mündig, autonom und allein aus theoretischer Überlegung Moral zu begründen, Macht zu legitimieren und Identität zu fundieren. Religion und Zivilreligion können hier bloß als nützliche Vehikel fungieren, aber auch nur dann, wenn sie in puncto ihrer Verallgemeinerbarkeit und ihrer Bedeutung für Mensch und Staat in kritischer und diskursiver Reflexion beständig geprüft werden.

5.2 BEGRÜNDUNG UND PRÜFUNG DER THESEN

In diesem Abschnitt werden die in den vorangegangenen Kapiteln entwickelten und in der Einleitung bereits vorgestellten vier Thesen zur Bedeutung von Glaube, Religion und Weltbildern in der Moderne systematisch entfaltet, logisch stringent begründet und einer Selbstkritik unterzogen. Soweit nicht bereits geschehen, werden diese Thesen mit den Konzepten von LÜBBE und HABERMAS kontrastiert. Schließlich werden noch diejenigen Differenzen und Analogien reflektiert, die zwischen den religionsphilosophischen Thesen KANTs und den vier in diesem Buch entwickelten Thesen bestehen.

---

[1] KANT (1999), a.a.O., S. 26.

5.2 Begründung und Prüfung der Thesen

5.2.1 RELIGION ALS ZWECKDIENLICHE MÖGLICHKEIT

Brauchen wir als Bürger einer modernen, pluralistischen Gesellschaft eine Religion? Entgegen LÜBBEs bedingungsloser Affirmation dieser Frage, wird hier eine als These formulierte Antwort vorschlagen, die zwischen Möglichkeit und Notwendigkeit differenziert.

Erste These (Nichtnotwendigkeitsthese): Religionen erweisen sich in ihren Funktionen als bedingte zweckdienliche Möglichkeit, nicht aber als unbedingte Notwendigkeit.

Unter einer notwendigen Religion wird hier eine Religion verstanden, die unter allen Bedingungen unverzichtbar ist. Dies impliziert, dass der Aussagesatz „wir brauchen Religion" niemals falsch ist. Um die Plausibilität der These zu verifizieren, sind folglich, im Rahmen einer Religionskritik, Bedingungen nachzuweisen, unter denen Funktionen der Religion auch nichtreligiös ausgeübt werden können. Es sind demzufolge Lebenswelten auszuweisen, in denen Religion aufgrund von adäquaten Alternativen keine Rolle spielt. Denn sobald es Alternativen gibt, ist Religion nicht im logischen Sinne notwendig. Es ist zu betonen, dass weder die Nützlichkeit der Religion noch die Notwendigkeit ihrer Funktionen bestritten werden, sondern nur die unbedingte Exklusivität der Religion hinsichtlich der Ausübung dieser Funktionen. Es wird folglich nicht bestritten, dass die Religion das Potential hat, menschliches Leben zu orientieren, Entscheidungs- und Handlungshilfen zu geben, Kontingenzen zu bewältigen oder Trost zu spenden. Dies bedeutet, Religion ist möglich.

Die folgende Auseinandersetzung, die dem Nachweis nichtreligiöser Alternativen dient, gilt sowohl für kirchlich verfasste Religionen als auch für Zivilreligionen, da beide aus allein funktionaler Sicht nicht scharf zu trennen sind. Es werden im

5 Ist Religion in der Moderne notwendig?

Einzelnen diejenigen Funktionen analysiert, die vor allem durch LÜBBE exklusiv der Religion zugesprochen werden.

(A)   Moralfunktion

Religion und Zivilreligion sind in ihrer Moralfunktion genau dann von allgemeiner logischer Notwendigkeit, wenn alle Menschen ihrer bedürfen, um moralisch zu handeln. Da es aber nachweisbar Menschen gibt, die frei von jeder Religion moralisch handeln, z.b. unter Leitung ihrer Vernunft, folgt in logischer Konsequenz, dass religiöse Orientierung keine Prämisse der Moral ist. Sie ist mithin nicht von Notwendigkeit. Dies hat bereits KANT nachgewiesen: *Die Moral [...] bedarf weder der Idee eines andern Wesens über ihm [...] noch einer andern Triebfeder als des Gesetzes selbst. [...] Sie bedarf also [...] keineswegs der Religion, sondern vermöge der reinen praktischen Vernunft, ist sie sich selbst genug.*[2]

LÜBBEs These von der moralischen Notwendigkeit der Religion bedeutet folglich in letzter Konsequenz eine Rückwendung der Moderne in die religionsfundierte Tradition und damit in die noch nicht aufgeklärte Zeit von ROUSSEAUs religion civile. In aufgeklärten Gesellschaften besteht aus moralischer Hinsicht keine Notwendigkeit der Religion. Hieraus folgt aber nicht, dass sie keine Daseinsberechtigung hat. Denn ihre Nichtnotwendigkeit indiziert nicht zugleich ihre Unmöglichkeit. Das bedeutet, dass sie auch für den aufgeklärten Menschen eine zweckdienliche Möglichkeit oder ein Vehikel bleibt, für die er sich nach kritischer, reflexiver Auseinandersetzung frei entscheiden kann, aber eben nicht muss. Dagegen könnte man einwenden, dass dies zwar für einzelne Menschen, nicht aber für den Staat gültig ist, da dieser faktisch auch Bürger umfasst, die nicht fähig oder willens sind, unter Leitung der Vernunft moralisch zu handeln. Daher brauche er die Religion, um unter diesen faktischen Bedingungen alle Bürger zu

---

[2] KANT (2004), a.a.O., S. 3.

5.2 Begründung und Prüfung der Thesen

erreichen. Diese empirische Faktizität ist aber kein Beweis für ihre unbedingte Notwendigkeit. Es ist nämlich zumindest denkbar, dass alle Bürger zu einem vernunftgeleiteten Leben befähigt werden, z.b. durch eine adäquate Bildung. Unter diesen, wenn auch idealisierten Bedingungen sind Religion und Zivilreligion auch für den Staat keine notwendigen, sondern lediglich mögliche Moralinstrumente.

(B)   Funktion der Kontingenzbewältigung

Sowohl die Religion als auch die Zivilreligion sind in ihrer Funktion der Kontingenzbewältigung, so behauptet LÜBBE, *nicht durch irgend etwas anderes substituierbar.*[3] Auch diese Behauptung wird falsifiziert, indem der Atheismus in die Reflexion eingebracht wird. Denn es gibt wiederum nachweislich Menschen, die ohne Religion ihr Leben orientieren, wozu auch die Bewältigung der Kontingenz gehört. Ob sie dies nach Leitung der Vernunft, qua weltliche Symbole oder gar mittels einer biotechnischen Selbstoptimierung vermögen (vgl. Abs. 3.2.1), ist dabei formal belanglos. Denn allein die Möglichkeit profaner Kontingenzbewältigung führt die allgemeine Notwendigkeit der Religion ad absurdum. Sie ist zur Kontingenzbewältigung zweifelsfrei zweckdienlich, aber eben nicht notwendig, d.h. nicht unersetzbar. So bezeichnet schon LÜBBE die Bewältigung oder Anerkennung von Kontingenz *als einen rationalen Lebensakt.*[4] Hieraus ist zu schließen, dass die kontingenten Lebensbestände, die er als aufklärungsresistent deklariert[5], diese Eigenschaft eben nicht haben, sondern dem Intellekt prinzipiell und ohne religiöse Hilfestellung zugänglich sind. Gegen die Möglichkeit profaner Kontingenzbewältigung könnte man im Sinne LÜBBEs einwenden, dass es *gar keine Lebenskultur, die nicht von Prämissen religiöser Orientierung mitbestimmt*

---

[3] LÜBBE (2004), a.a.O., S. 227.
[4] Ebd., S. 166.
[5] Vgl.: Ebd., S. 144ff.

5 Ist Religion in der Moderne notwendig?

wäre[6], gibt. Damit wären immer und überall religiöse Bestände, allein schon durch unser religiöses Erbe, ausweisbar. Selbst die Kontingenzbewältigung von Atheisten wäre dann religiös bestimmt. Das Ergebnis wäre, entgegen LÜBBEs ursprünglicher Intention, ein derart extensiver Begriff der Religion, der jede sinnvolle Differenzierung zwischen religiös und profan und damit eine kritisch-philosophische Reflexion über Religion verhindern würde. Eine ähnliche Kritik kommt, nicht überraschend, auch von theologischer Seite. Sie sieht *die Gefahr, dass der Religionsbegriff so ausgeweitet wird, dass er nur noch eine sehr allgemeine transzendierende Bewegung darstellt. Im Grunde gibt es dann überhaupt keine Gesellschaft mehr ohne Religion. Man müsste dieser weitgehenden Funktionalisierung des Religionsbegriffs, auch in der Form der „Zivilreligion", eingehender nachgehen. Für die Kirchen selbst lauert hier eine Falle, da dieser Begriff von Religiosität in mancher Hinsicht kaum mehr kompatibel erscheint mit dem christlichen Glauben.*[7] Dies bedeutet, dass die Funktionalisierung der Religion einerseits scheinbar die Religion aus der Tradition in die Moderne rettet, was HABERMAS bestreitet, andererseits aber wesentliche Gehalte der Religion dabei verloren gehen. Auch HABERMAS kritisiert daher, wie oben dargelegt (Kapitel vier), die Funktionalisierung der Religion und stellt ihr die Übersetzung der partikulären religiösen Sprache in eine allgemein zugängliche profane Sprache gegenüber.

(C)   Trostfunktion

Die Hoffnung auf Trost gehört zu den Grundbedürfnissen menschlichen Daseins und die Religion scheint allein die Kraft zu haben, dieses Bedürfnis nach Trost zu

---

[6] Ebd., S. 18.
[7] LEHMANN, Karl: Neue Zeichen der Zeit. Unterscheidungskriterien zur Diagnose der Situation der Kirche in der Gesellschaft und zum kirchlichen Handeln heute. Eröffnungsreferat des Vorsitzenden der Deutschen Bischofskonferenz in Fulda am 19. September 2005. In: http://www.dbk.de/imperia/md/content/schriften/dbk4.vorsitzender/vo_26.pdf. Stand: Juli 2009.

5.2 Begründung und Prüfung der Thesen

stillen. Dies räumt auch HABERMAS ein, der ansonsten im Sinne der Aufklärung überwiegend kritisch gegenüber der Religion Stellung bezieht. Zugleich hegt er aber Zweifel (Abs. 4.2.2), ob denn allein die Religion den ersehnten Trost spenden kann. Dies ist sicherlich nicht der Fall. Denn auch hier kann die atheistische Lebenform als falsifizierendes Gegenbeispiel die Notwendigkeit der Religion widerlegen. So leben Atheisten sicherlich nicht allesamt ohne Trost, sie trösten nur in anderer Weise (Abs. 4.2.2). Auch die Vernunft vermag Trost zu spenden. *Die Vernunft*, so KANT, *lässt uns [...] nicht ganz ohne Trost.*[8] Folglich gibt es auch bei der Trostfunktion nichtreligiöse Alternativen, so dass der Mensch nicht notwendig der Religion bedarf, um sein Bedürfnis nach Trost zu stillen. Dennoch ist die Religion ein mögliches Mittel, um diesem Bedürfnis gerecht zu werden. Es ist sogar möglich, dass sie diese Aufgabe besser zu leisten vermag als die Vernunft oder die mit ihr konkurrierenden profanen Weltanschauungen.

(D)   Funktion der Staatslegitimation und Identitätsstiftung

Jede Gesellschaft benötigt einen identitätsstiftenden und legitimierenden Minimalkonsens, also eine Verfassung und daraus abgeleitete Grundrechte, da eine auf Dissens gegründete Gesellschaft auf Dauer nicht funktionsfähig ist. Dieser Konsens, der ein Zusammenleben in Frieden, Freiheit und Gerechtigkeit ermöglicht, spiegelt die gesellschaftliche Pluralität wider und umfasst daher nicht nur religiöse Elemente. Denn die Religion ist in unserer Kultur nur ein Subsystem neben anderen, wie z.B. Recht, Wissenschaft, Wirtschaft, Umwelt, Politik, Kunst und Technik. Folglich kann eine Religion oder Zivilreligion nicht allein der Minimalkonsens sein, sondern bloß ihr religiöser Anteil. LÜBBE schlägt vor, sie als *das*

---

[8] KANT (2004), a.a.O., S. 226.
Eine mögliche religiöse Trostfunktion sieht KANT nur beim Tod, so dass vom Menschen *nur zuletzt (fast wenn es zum Sterben kommt) [...], der Geistliche gesucht* wird. In: KANT (2005), a.a.O., S. 49.

5 Ist Religion in der Moderne notwendig?

*religiöse Implement herrschender politischer Kultur*⁹ zu beschreiben. Im Sinne obiger Überlegungen ist es aber plausibler, die Religion oder die Zivilreligion nicht als das religiöse Implement der herrschenden politischen Kultur zu bestimmen, sondern als das religiöse Implement des gesellschaftlichen Konsenses. Als Ergebnis freier Übereinkunft umfasst dieser Konsens das religiöse Implement aber nicht notwendig. Es ist nur ein mögliches und zufälliges Implement. Folglich ist die Frage, ob wir Religion oder Zivilreligion brauchen, nicht allgemein und unbedingt, sondern nur partikulär und bedingt zu beantworten. Unter gegenwärtigen Bedingungen erweist sie sich offenkundig noch als zweckmäßig zur Machtlegitimation und Identitätsstiftung. Doch der bereits sichtbare Rückgang konsensfähiger Bestände der Zivilreligion und ihrer Einflüsse auf die politische Kultur zeigt, dass auch andere Bedingungen möglich sind.¹⁰ Deutet sich damit nun doch, entgegen LÜBBEs These, das Verschwinden der Religion an? Dagegen würde die von Friedrich Daniel Ernst SCHLEIERMACHER (1768-1834) und anderen vertretene philosophische (nicht theologische) Theorie sprechen, dass Religion als universale anthropologische Konstante zum Wesen des Menschen gehört.¹¹ In diesem Fall würde zwar Religion nicht obsolet werden können, woraus aber nicht zwingend folgt, dass sie auch die allgemeine Zustimmung zur Aufnahme in den gesellschaftlichen Konsens findet. Ergo erweist sie sich auch hier nicht als notwendig, sondern im logischen Sinne nur als möglich. Doch es bleiben Fragen: Was ist die anthropologisch-religiöse Konstante? Gibt es sie überhaupt? Hat sie auch der Atheist? Auf die mit diesen Fragen verknüpfte Problematik des Ursprungs allen Glaubens wird in den folgenden Abschnitten (insb. Abs. 5.2.3) reflektiert.

---

⁹ LÜBBE (2004), a.a.O., S. 317.
¹⁰ Z.B. VÖGELE, a.a.O., S. 6 und SEITTER, Walter: Brauchen wir eine Zivilreligion? http://www.spinnst.at/ seitter/nova/Zivilreligion.htm. Stand: Juli 2009. SEITTER spricht von einer *in Zerrissenheit und Krise befindlichen zivilreligiösen Ausstattung.*
¹¹ *Der Mensch wird mit der religiösen Anlage geboren* [...]. In: SCHLEIERMACHER, Friedrich Daniel Ernst: Über die Religion. Reden an die Gebildeten unter ihren Verächtern. Hamburg, Felix Meiner, 2004, S. 80.

5.2 Begründung und Prüfung der Thesen

Um Fehlschlüssen aus der These der Nichtnotwendigkeit der Religion vorzubeugen, wird im Folgenden noch auf zwei falsche Implikationen verwiesen. Erstens: Da die These der Nichtnotwendigkeit der Religion eine rein kognitive Proposition ist, impliziert sie folglich keine Gebote oder Verbote, wie „du sollst keine Religion haben" oder „du sollst nicht an Gott glauben". Beide Implikationen wären naturalistische Fehlschlüsse. Zweitens: Die These der Nichtnotwendigkeit der Religion impliziert nicht die Nichtexistenz Gottes, weil sie nur die Nichtnotwendigkeit der Religion, nicht aber ihre Unmöglichkeit behauptet. Auch diese Implikation wäre logisch falsch, denn gemäß der Modallogik folgt zwar aus der Notwendigkeit der Religion (R) ihre Möglichkeit, d.h. $\Box R \supset \Diamond R$, nicht aber zwingend aus der Nichtnotwendigkeit der Religion ihre Nichtmöglichkeit. Religion als Glaube an Gott bleibt ergo möglich und es obliegt dem autonomen Willen des Menschen an einen Gott, dessen Existenz weder verifizierbar noch falsifizierbar ist, zu glauben oder nicht.

5.2.2 RELIGION UND IHRE WELTBILDFUNKTIONEN

Der Begriff der Religion wurde in diesem Buch, ganz im Sinne HABERMAS', als ein Weltbild oder, in den Worten RAWLS, als eine *umfassende Lehre*[12] (comprehensive doctrine) interpretiert. Religion ist damit eine Deutung der Welt, die den Anspruch erhebt, die Welt und das Dasein des Menschen als Ganzes zu erklären. *Umfassende Lehren aller Art [...] gehören zu dem, was wir die »Hintergrundkultur« einer Zivilgesellschaft nennen können.*[13] Religionen sind aber nicht die einzig möglichen Hintergrundkulturen oder Weltbilder. Denn Weltbilder oder Weltdeutungen müssen nicht notwendig theistisch, sondern sie können auch atheistisch sein. Dies bedeutet, sie können offenbar aber auch metaphysisch oder szientistisch-naturalistisch konzipiert sein. Weitere Varianten sind denkbar.

---

[12] RAWLS, a.a.O., S. 77ff.
[13] Ebd., S. 79.

5 Ist Religion in der Moderne notwendig?

Religiöse Weltdeutungen stehen folglich mit ihren divergierenden Antworten und Relevanzansprüchen nicht nur untereinander im Widerstreit, sondern auch in Konkurrenz mit nichtreligiösen Weltbildern. Dies trifft vor allem auf moderne liberale Staaten mit einem ausgeprägten weltanschaulichen Pluralismus zu.

Die Bedeutung der Religion als Weltbild gründet vor allem darin, dass sie den Menschen eine Antwort auf diejenigen ureigenen, existentiellen Fragen gibt, denen die theoretische und praktische Vernunft eine Antwort versagen. Hier hat sie das Potential, Orientierung in Handlungen und Entscheidungen zu geben, Trost zu spenden oder Kontingenzerfahrungen zu bewältigen. Diese Funktionen erstrecken sich aber nicht nur auf das einzelne Individuum, sondern auch auf Gemeinschaften, wo die Religion ihre innere Kraft zur Integration entfaltet, und auf die Politik, wo sie das Potential zur Legitimation hat. Hieraus wird erneut deutlich, dass aus der oben begründeten These der Nichtnotwendigkeit der Religion nicht zugleich folgt, dass sie ohne jeglichen Nutzen ist und für die Moderne keinerlei Bedeutung hat. Dies wäre ein Fehlschluss. Im Gegenteil: Religiöse Weltbilder sind auch in der Moderne von praktischer Relevanz für Mensch und Staat. Sie mögen gar in vielerlei Hinsicht wirkungsvoller sein als die mit ihnen konkurrierenden Weltbilder. Dennoch können, wie nachgewiesen wurde, ihre Funktionen grundsätzlich auch durch andere Weltbilder ausgeübt werden. Denn auch wenn Weltbilder sich grundsätzlich material unterscheiden, so sind sie doch hinsichtlich ihrer formalen Funktionen weitestgehend gleich. Deshalb ist es plausibel, nicht von religiösen Funktionen, sondern von Weltbildfunktionen zu sprechen (vgl. Kapitel eins, Fußnote 24). Hieraus folgt unmittelbar der bereits in der Einleitung als These formulierte Schluss:

Zweite These (Weltbildfunktionsthese): Die Bedeutung der Religion in der Moderne gründet auf ihren inhärenten Weltbildfunktionen.

5.2 Begründung und Prüfung der Thesen

Bislang wurde nur von konkurrierenden Weltbildern gesprochen. Doch Weltbilder stehen nicht nur untereinander mit ihren Wahrheits- und Relevanzansprüchen im Widerstreit. Sie stehen vor allem auch in Konkurrenz zur Vernunft und zum Wissen des Menschen. Damit stellt sich unweigerlich die Frage: Kann der Mensch nicht alle Weltbildfunktionen auch mittels seiner Vernunft und seinem Wissen erfüllen? Braucht der Mensch glaubensabhängige Weltbilder?[14] Ist der Glaube überflüssig? Die Antwort lautet nein. Wie dieses Nein zu begründen ist, wird der folgende Abschnitt zeigen.

5.2.3 DIE NOTWENDIGKEIT DES GLAUBENS

Das menschliche Verstandes- und Vernunftvermögen besitzt eine natürliche, angeborene Endlichkeit. Infolgedessen vermag der Mensch das Geheimnis der Dinge (arcana rerum) und die Kette der Gründe (catena rationum) der ihn umgebenden Welt nicht in ihrer Gesamtheit zu durchschauen. Seinem Wissen über die Welt und sein eigenes Dasein ist also eine natürliche Grenze gesetzt. Folglich wird es immer einen unauflösbaren und unbestimmbar großen Rest geben, den er nicht erschließen kann. Aber auch innerhalb dieser Grenze ist sein Wissen mit vielfältigen Unsicherheiten behaftet, denn es ist grundsätzlich fallibel. Ein Wissen im platonisch-aristotelischen Sinne von absoluter, unbedingter und ewiger Wahrheit ist für den Menschen unerreichbar.

Ebenso wird es immer Kontingenzen und Lebenssituationen geben, die der Mensch allein mittels seiner Vernunft und seinem vermeintlichen, fehlbaren Wissen nicht bewältigen kann. Auch hier gibt es folglich einen Bereich oder eine Lücke, welche die Vernunft nicht zu füllen oder zu schließen vermag. In Anbetracht dieses Dilemmas sind nur zwei Optionen denkbar: Entweder wir ignorie-

---

[14] Es geht bei dieser Frage also nicht mehr, wie noch im vorigen Abschnitt, um die Frage „Braucht der moderne Mensch Religion?" Vielmehr geht es nun um Weltbilder im Allgemeinen und nicht mehr um das bloß partikuläre Weltbild mit dem Namen Religion im Besonderen.

5 Ist Religion in der Moderne notwendig?

ren diesen natürlichen Bereich des Nichtwissens oder wir füllen ihn mit Glauben.[15]

Der erste Weg wäre der im Sinne des frühen Ludwig WITTGENSTEINs (1889-1951), der religiös-metaphysische Antworten, also glaubensabhängige Antworten, mit der wissenschaftlichen Forderung ablehnt: *Wovon man nicht sprechen kann, darüber muß man schweigen.*[16] Diese Forderung kann, falls überhaupt, nur partikulär im Wissenschaftsbetrieb erfüllt werden. Im menschlichen Alltag, zu dem die Kontingenzerfahrungen der Sorge, des Leids, der Not und des fehlenden Trosts gehören, ist dieses Schweigen nicht allgemein realisierbar und zumutbar. Aber auch die Wissenschaftspraxis ist durch die Verquickung von *Erkenntnis und Interesse*[17] letztendlich nicht frei von diesen existentiellen Kontingenzen. Um sie zu bewältigen ist der Mensch gezwungen, die bloß endliche und partikuläre Erkenntnis seiner theoretischen und praktischen Vernunft, durch Spekulationen und Vermutungen zu einem Gesamtbild der Welt, also zu einem umfassenden Weltbild zu erweitern. Dabei ist es gleich, ob es religiös, metaphysisch, kosmologisch oder naturalistisch fundiert ist. Da es die Welt als Ganzes und nicht nur partikulär erklärt, entwickelt es die innere Kraft, Orientierung und Sinn zu vermitteln, Kontingenzen zu bewältigen oder Trost zu spenden. Dies bedeutet, dass der Mensch immer dann auf Weltdeutungen rekurriert, wenn ihm seine Vernunft infolge ihrer Endlichkeit eine Antwort versagt. Aufgrund dieser angeborenen Endlichkeit der menschlichen Vernunft und des menschlichen Wissens wird es also immer das Streben nach Weltbildern und folglich immer auch den Glauben an Weltbilder geben. Denn Weltbilder können, da sie wissenschaftlichen Stan-

---

[15] Die Lücke des praktischen und theoretischen Nichtwissens wird zwar durch den wissenschaftlichen Fortschritt kleiner, aber ein Lückenschluss ist letztendlich nur im Hinblick auf einen unendlichen Forschungsprozess, z.B. im Sinne des Pragmatismus von PEIRCE, denkbar. Damit ist ein Obsoletwerden des Glaubens zumindest in endlicher Zeit nicht erreichbar. Sein Obsoletwerden ist also bloß eine irreale Fiktion.

[16] WITTGENSTEIN, Ludwig: Tractatus logico-philosophicus. Logisch-philosophische Abhandlung. Frankfurt am Main, Suhrkamp, 1963, S. 115.

[17] HABERMAS (1969), a.a.O., S. 146ff.

5.2 Begründung und Prüfung der Thesen

dards nicht genügen, stets nur geglaubt, aber nicht gewusst werden. Sie können weder bewiesen noch logisch stringent deduziert werden. Ein Weltbild ohne Glaube ist daher leer. Dies gilt ergo auch für religiöse Weltdeutungen. Eine Religion ohne Glaube ist leer. Mit der natürlichen Notwendigkeit der Weltbilder ist also zugleich auch die Notwendigkeit zum Glauben begründet. Das als These formulierte Ergebnis muss daher lauten:

> **Dritte These (Notwendigkeitsthese)**: Der Glaube ist notwendig.

Aufgrund der Notwendigkeit des Glaubens kann er nicht wegrationalisiert werden. Folglich wird es auch in der aufgeklärten Moderne das Moment des Glaubens geben. Hierbei wird unter dem Begriff des Glaubens, wie bereits in der Einleitung expliziert, ein subjektives Fürwahrhalten[18] verstanden, z.B. das individuelle Fürwahrhalten eines spekulativen oder offenbarten Weltbildes. Dies bedeutet, dass der Begriff Glaube nicht exklusiv mit dem Begriff Religion korreliert, sondern mit dem übergeordneten Gattungsbegriff des Weltbildes, der religiöse Weltdeutungen ebenso subsumiert wie nichtreligiöse. Aus diesem Grund besteht zwischen der ersten und dritten These - der These von der Nichtnotwendigkeit der Religion und der These von der Notwendigkeit des Glaubens - auch kein Widerspruch. Im Gegenteil: Beide Thesen können zu einem ersten Korollar zusammengefasst und als eine Kernaussage dieses Buches interpretieren werden.

> **Erstes Korollar**: Der Glaube, nicht die Religion ist notwendig.

Die Notwendigkeit des Glaubens ist kulturinvariant. Sie kann als eine universale anthropologische Konstante gedeutet werden. Der Glaube gehört somit zu den formalen Grundbedingungen und Grundbedürfnissen des menschlichen Daseins und Zusammenlebens. Folglich ist der Glaube nicht erst seit der Moderne notwen-

---

[18] Vgl. Kapitel eins, Fußnote 23.

5 Ist Religion in der Moderne notwendig?

dig, sondern seit Anbeginn des Menschen. Verändert hat sich jedoch der Inhalt des Glaubens, also der Inhalt der glaubensabhängigen Weltbilder. Waren es in der Vorantike die Mythen, denen die Menschen Glauben schenkten, so sind es in modernen Gesellschaften neben der Religion auch metaphysische Konzeptionen und szientistisch-naturalistische Weltbilder. In diesem Sinne kann das obige Korollar auch wie folgt formuliert werden:

Zweites Korollar: Nicht die Religion ist notwendig, sondern Weltanschauungen.

Dem Begriff des Glaubens steht der des Wissens gegenüber. Wissen unterscheidet sich vom Glauben dadurch, dass es systematisch nach methodischen, also nachvollziehbaren Regeln gewonnen wird und damit prinzipiell intersubjektiv überprüfbar ist. Über dieses Wissen ist, im Sinne HABERMAS', ein rationaler Diskurs führbar und damit ein diskursiver Konsens erzielbar, der allgemeine Gültigkeit und Zumutbarkeit beanspruchen kann. Für den Glauben gilt dies nicht. Aufgrund der Widersprüchlichkeit von Weltbildern oder Weltanschauungen - religiöse oder profane - bleibt der Glaube subjektiv und partikulär. Ein allgemeiner Konsens ist hier zumeist nicht zu erzielen. Daraus werden Forderungen an den Glauben nötig, was sein Verhältnis zur Vernunft betrifft (Abs. 5.3).

Die Endlichkeit des Menschen, so wurde nachgewiesen, ist der Grund jeglichen Glaubens. Die analytische Religionsphilosophie, die Religion begriffslogisch entfaltet und sprachtheoretisch analysiert, kommt zu einem sehr ähnlichen Resultat. So begründet SCHRÖDTER im Rahmen einer analytischen Religionsphilosophie die *Zeitlichkeit und Endlichkeit des Subjekts als Basis eines Religionsbegriffs*.[19] Der Unterschied zu den in diesem Buch begründeten Thesen besteht somit allein darin, dass SCHRÖDTER in der Endlichkeit des Menschen lediglich

---

[19] SCHRÖDTER, a.a.O., S. 266.

5.2 Begründung und Prüfung der Thesen

den Grund für die Religion, also für den Glauben an religiöse Weltbilder behauptet. Tatsächlich impliziert aber diese Endlichkeit den Grund für den Glauben im Allgemeinen, also den Glauben an religiöse und nichtreligiöse Weltbilder. SCHRÖDTER zeigt, dass zum *Begriff vom Menschen als ein fundamentales Moment die Endlichkeit seiner Existenz gehört.*[20] Diese Endlichkeit schließt, wie gleichfalls oben dargelegt wurde, auch die Endlichkeit seines Vernunft- und Verstandesvermögens ein. Sie ist ein *Grundzug menschlicher Existenz*[21] und Grund für das menschliche Streben nach religiösen wie nichtreligiösen Weltdeutungen. Insgesamt bedeutet dies, so SCHRÖDTER, *für den Religionsbegriff seine Verankerung in einem Grundzug menschlicher Existenz (seine anthropologische Allgemeinheit).*[22] Dieser Begriff muss *eine nicht vernachlässigbare Größe sein, jeden Menschen unmittelbar und fundamental betreffen (existenzielle Bedeutung).*[23] Ersetzt man in diesen Aussagen den Religionsbegriff durch den umfangreicheren Weltbildbegriff, so gehen sie unmittelbar in die Thesen über, die in der Einleitung bereits vorgestellt wurden. Auch SCHRÖDTER erkennt die existenzielle Bedeutung der Religion, die in diesen Thesen als ihre Weltbildfunktionen bestimmt wurden. Trotz dieser Bedeutung ist aber auch nach SCHRÖDTER Religion nicht notwendig, sondern nur möglich. Denn *begriffslogisch kann es Religion geben, muß aber nicht.*[24] Als ein Zwischenfazit ist damit festzuhalten, dass die analytische Religionsphilosophie SCHRÖDTERs die in diesem Buch entwickelten Thesen zur Notwendigkeit des Glaubens, zur Nichtnotwendigkeit der Religion und zur möglichen partikulären Bedeutung der Religion bestätigt.

Die These der Notwendigkeit des Glaubens aufgrund der Endlichkeit des menschlichen Vernunftvermögens, hat auch eine Analogie in KANTs Religions-

---

[20] Ebd., S. 279f.
[21] Ebd., S. 294.
[22] Ebd.
[23] Ebd.
[24] Ebd., S. 301.

philosophie. KANT begründet: *So muß, weil das Menschenvermögen dazu nicht hinreicht, [...] ein allvermögendes moralisches Wesen als Weltherrscher angenommen werden [...], d.i. die Moral führt unausbleiblich zur Religion.*[25] Hieraus wird deutlich, dass auch KANT die Endlichkeit des menschlichen Vernunftvermögens als ein Grund für den religiösen Glauben an Gott nachweist. Dies bedeutet, er begründet *das Dasein Gottes als ein Postulat der reinen praktischen Vernunft.*[26] Dennoch besteht ein gewichtiger Unterschied zu der in diesem Buch begründeten These. Denn in dieser These ist es nicht allein die Moral, die zur Religion führt, sondern es sind die vielfältigen Kontingenzen und das Bedürfnis nach Orientierung, Sinn und Trost, die aufgrund der Endlichkeit des menschlichen Vernunftvermögens nicht rein rational bewältigt bzw. befriedigt werden können und daher den Menschen notwendig zum Glauben an religiöse oder nichtreligiöse Weltbilder leiten. In diesem Sinne kann man die These der Notwendigkeit des Glaubens als eine Erweiterung der These KANTs hinsichtlich der Moderne deuten.

5.2.4 DIE GLEICHNATÜRLICHKEIT VON GLAUBE UND VERNUNFT

Aufgrund der natürlichen Endlichkeit des menschlichen Geistes wird sein Streben nach Wissen, wie oben dargelegt, notwendig Lücken aufweisen. Dies wäre nicht weiter tragisch, wenn diese Lücke für die Lebensorientierung keine Bedeutung hätte. Doch dem ist nicht so. Denn in die Lücke des Nichtwissens, dessen Ausmaß der Mensch nicht mal erahnen kann, fallen vor allem seine existentiellen Fragen, die ihn seit Anbeginn bewegen und auch in der Moderne nicht an Relevanz verloren haben. Es sind Fragen nach dem Sinn des Daseins, dem Glück, dem Guten, dem Grund allen Leidens und dem Tod. Es liegt in der Natur des Menschen, Antworten auf diese unausweichlichen Grundfragen menschlichen Daseins

---

[25] KANT (2004), a.a.O., S. 9 (Fußnote).
[26] KANT (1993b), a.a.O., S. 142ff.

5.2 Begründung und Prüfung der Thesen

zu suchen, nicht nur um die Lücke des Nichtwissens zu schließen, sondern vor allem um Orientierung, Sinn und Trost zu finden. Hieraus entsteht, so Arthur SCHOPENHAUER (1788-1860), *das dem Menschen allein eigene Bedürfnis einer Metaphysik: er ist sonach ein animal metaphysicum.*[27] Auch das Bedürfnis nach Religion findet hier seinen Ursprung. Doch die Antworten, welche die *religiös-metaphysischen Weltbilder*[28] vermitteln, erfüllen nicht die Maßstäbe wissenschaftlicher Rationalität. Sie können nicht objektiv geprüft, sondern nur subjektiv geglaubt werden. Damit wird der Mensch zu einem ambivalenten Wesen. Denn trotz seines Bewusstseins eigener Fehlbarkeit und der Einsicht, seine ureigenen Fragen nicht prüfbar beantworten zu können, konzipiert er dennoch metaphysische Antworten oder sucht sie in religiösen Offenbarungen.

Auch nach KANT ist die Metaphysik *als Naturanlage (metaphysica naturalis) wirklich. Denn die menschliche Vernunft geht unaufhaltsam [...], durch eigenes Bedürfnis getrieben bis zu solchen Fragen fort, die durch keinen Erfahrungsgebrauch der Vernunft und daher entlehnte Prinzipien beantwortet werden können, und so ist wirklich in allen Menschen, sobald Vernunft sich in ihnen bis zur Spekulation erweitert, irgend eine Metaphysik zu aller Zeit gewesen, und wird auch immer darin bleiben*[29]. Schließlich begründet auch HABERMAS, der die Vernunft streng an postmetaphysische Prämissen bindet, das Bedürfnis der Vernunft nach eigener Grenzüberschreitung: *Ohne anfänglich theologische Absicht überschreitet sich [...] eine ihrer Grenzen inne werdende Vernunft auf ein Anderes hin; sei es in der mystischen Verschmelzung mit einem kosmisch umgreifenden Bewusstsein oder in der verzweifelten Hoffnung auf das historische Ereignis einer*

---

[27] SCHOPENHAUER, Arthur: Die Welt als Wille und Vorstellung. Zweiter Band. Zürich, Haffmans, 1991, S. 185.

[28] Der Begriff der *religiös-metaphysischen Weltbilder* ist ein von HABERMAS besonders häufig verwendeter Begriff, der zum Ausdruck bringt, dass religiöse und metaphysische Weltbilder sich funktional nur wenig unterscheiden (vgl. Abs. 4.2).

[29] KANT (1993a), a.a.O., S. 53*.

5 Ist Religion in der Moderne notwendig?

erlösenden Botschaft oder in Gestalt einer vorandrängenden Solidarität mit den Erniedrigten und Beleidigten, die das messianische Heil beschleunigen will.[30] Aus allen drei Zitaten wird deutlich, dass die Vernunft, die einerseits das Vermögen zur theoretischen und zur praktischen Erkenntnis hat, andererseits auch das Moment der Spekulation besitzt. Da Spekulationen aber nicht objektiv gewusst, sondern nur subjektiv geglaubt werden können, folgt, dass zum objektiven Vernunftvermögen notwendig auch der Glaube gehört. Grund und Ursprung des Glaubens liegen ergo allein in der Endlichkeit des menschlichen Vernunftvermögens in praktischer wie auch in theoretischer Hinsicht. Mit der natürlichen Endlichkeit der Vernunft ist folglich zugleich auch der Glaube als ein Wesensmerkmal des Menschen gegeben.

Zusammenfassend kann hieraus der folgende als These formulierte Schluss extrahiert werden.

Vierte These (Gleichnatürlichkeitsthese): Glaube und Vernunft sind gleichnatürliche Wesensmerkmale des Menschseins.

Vernunft und Glaube - ratio et fides - gehören also gleichermaßen zur Naturanlage des Menschen. Sie sind anthropologische Universalien oder Konstanten. Der Mensch wird sich daher naturgemäß nicht nur der Vernunft, sondern auch dem Glauben zuwenden.[31] Diese Dichotomie wird sich weder allein zugunsten der Vernunft, noch allein zugunsten des Glaubens auflösen lassen. Interessant ist in diesem Zusammenhang KANTs unbeantwortbare Frage, was denn wohl die Folge wäre, wenn unsere Vernunft nicht endlich wäre und wir folglich keinen Glauben benötigten. *Gesetzt nun, sie* [die Natur; jhf] *wäre hierin unserem Wunsche willfährig gewesen und hätte uns diejenige Einsichtsfähigkeit oder Erleuchtung*

---

[30] HABERMAS/RATZINGER (2005a), a.a.O., S. 29.
[31] Gemeint ist hier wieder der Glaube an ein Weltbild, unabhängig davon ob es ein religiöses oder nichtreligiöses ist.

5.2 Begründung und Prüfung der Thesen

erteilt, die wir gern besitzen möchten oder in deren Besitz einige wohl gerne gar wähnen sich wirklich zu befinden, was würde allem Ansehen nach wohl die Folge hiervon sein?[32]

Die in obiger These behauptete Gleichnatürlichkeit von Vernunft und Glaube impliziert nicht ihre Gleichrangigkeit, sondern nur, dass Vernunft und Glaube zu den natürlichen und damit angeborenen Wesensmerkmalen eines jeden Menschen gehören. Im Rang dominiert die Vernunft und damit das Wissen. Denn das, was wir wissen, brauchen wir nicht zu glauben.

Anmerkung: Die in der vierten These vorgenommene Gegenüberstellung von Glaube und Vernunft schließt nicht aus, dass glaubensabhängige Weltbilder vernünftig konzipiert sind. Denn *sowohl die theoretische als auch die praktische Vernunft (die in angemessener Weise das Rationale einschließen) werden bei ihrer Formulierung in Anspruch genommen.*[33] Deshalb nennt RAWLS sie auch *vernünftige umfassende Lehren.*[34] Dies bedeutet, wenn wir *bejahen, daß wir an sie glauben, handeln wir nicht unvernünftig.*[35] Die Rechtfertigung der in diesem Buch begründeten Gegenüberstellung von Glaube und Vernunft ergibt sich daraus, dass Weltbilder stets auch hypothetische, spekulative, postulierte oder offenbarte Anteile haben, die wie KANTs Kirchenglaube (Abs. 5.2.5) nicht notwendig sind und folglich nicht jedermann mit Gründen, also rational zugemutet werden können. Sie sind individueller oder historischer Natur und folglich keine Lösungen, *die sich aus jedes Menschen eigener Vernunft entwickeln lassen.*[36]

---

[32] KANT (1993b), a.a.O., S. 168.
[33] RAWLS, a.a.O., S. 133.
[34] Ebd.
[35] Ebd., S. 135.
[36] KANT (2005), a.a.O., S. 38.

5 Ist Religion in der Moderne notwendig?

5.2.5 GEGENÜBERSTELLUNG MIT DEN THESEN KANTS

Auch wenn die Religionsphilosophie KANTs nicht unmittelbar in die Themenstellung dieses Buches eingeht, so sollen doch einige Aspekte seines Werkes expliziert werden, die auf Differenzen und Analogien zu den in diesem Buch entwickelten vier Thesen verweisen. Es geht also um die Frage: In welchem Verhältnis stehen KANTs Religionsphilosophie und die in diesem Buch begründeten vier Thesen zur Bedeutung von Glaube, Religion und Weltbildern in der Moderne? Gemeinsamkeiten und Analogien, die bereits zu Beginn dieses Kapitels im Rahmen der Vorstellung und Begründung dieser vier Thesen ausgewiesen wurden, sollen hier nicht wiederholt werden.

(A) Analogien

(1) KANT reduziert Religion vollständig auf Moral. Ein Ziel, das er dabei verfolgt, ist *die Einschränkung der Vernunft in Ansehung aller unserer Ideen vom Übersinnlichen auf die Bedingungen ihres praktischen Gebrauchs.*[37] Der Unterschied zwischen Moral und Religion ist für KANT nur formaler nicht jedoch materialer Natur. *Religion unterscheidet sich nicht der Materie, d.i. dem Objekt nach in irgend einem Stücke von der Moral.*[38] Die Notwendigkeit der Moral impliziert folglich zugleich die Notwendigkeit der Religion. Damit scheint KANT der These von der Nichtnotwendigkeit der Religion zu widersprechen. Doch dieser Schluss ist falsch, denn KANTs Religionsbegriff ist ein anderer als der, der in diesem Buch zugrunde gelegt wurde. Während KANT Religion und Moral material gleichsetzt, wurde in diesem Buch, in Übereinstimmung mit HABERMAS, Religion nicht als Moral, sondern als ein Weltbild unter vielen interpretiert. Dieser Gattungsbegriff des Weltbildes subsumiert, wie oben dargelegt, religiöse

---

[37] KANT, Immanuel: Kritik der Urteilskraft. Hamburg, Felix Meiner, 1993c, S. 331f.
[38] KANT (2005), a.a.O., S. 38.

5.2 Begründung und Prüfung der Thesen

Weltdeutungen ebenso wie profane. In der Terminologie KANTs findet die religiöse Weltdeutung ihre Entsprechung im Begriff des Kirchenglaubens. Denn KANT differenziert zwischen der reinen Religion, die er auch Vernunftreligion oder Vernunftglaube nennt, und der institutionalisierten, kirchlich-verfassten Religion, die er als Kirchenglauben bezeichnet. *Glaubenssätze, welche zugleich als göttliche Gebote gedacht werden sollen, sind nun entweder bloß statutarisch, mithin für uns zufällig und Offenbarungslehren, oder moralisch, mithin mit dem Bewußtsein ihrer Notwendigkeit verbunden und a priori erkennbar, d.i. Vernunftlehren des Glaubens. Der Inbegriff der ersteren Lehren macht den Kirchen-, und der anderen aber den reinen Religionsglauben aus.*[39] Notwendig ist demzufolge für KANT allein der allgemeine, unveränderliche reine Religions- oder Vernunftglaube, *der auf innern Gesetzen beruht, die sich aus jedes Menschen eigener Vernunft entwickeln lassen.*[40] Nicht notwendig ist dagegen der bloß zufällige und willkürliche Kirchenglaube. Dieser ist mannigfaltig, partikulär und veränderlich. Der Kirchenglaube versinnlicht den Vernunftglauben und unterstützt damit den natürlichen Hang des Menschen zur Sinnlichkeit und folglich zur sinnlichen Anschauung Gottes. Da der Kirchenglaube nicht ausschließlich der Vernunft entspringt und zudem den dogmatischen Anspruch erhebt, die Welt als Ganzes zu erfassen, entspricht er folglich dem, was oben als religiöses Weltbild interpretiert wurde. KANTs These von der Nichtnotwendigkeit des Kirchenglaubens ist demzufolge mit der in diesem Buch begründeten These von der Nichtnotwendigkeit religiöser Weltbilder völlig konform.

(2) Im Sinne der Religionsphilosophie KANTs ist der Kirchenglaube allenfalls ein nützliches Vehikel für den Vernunft- oder reinen Religionsglauben. *Zum Kirchenglauben wird historische Gelehrsamkeit, zum Religionsglauben bloß Vernunft erfordert. Jenes als Vehikel des letzteren auszulegen ist freilich eine Forderung*

---

[39] Ebd., S. 54f.
[40] Ebd., S. 38.

5 Ist Religion in der Moderne notwendig?

der Vernunft.[41] Diese Aussage stimmt gleichfalls mit den in diesem Buch begründeten Thesen überein. Allerdings nicht in jeder Hinsicht. Denn während KANT die Bedeutung des Kirchenglaubens nur in der Förderung und Unterstützung des Religionsglaubens und damit der Moral sieht, behauptet die Weltbildfunktionsthese - in Übereinstimmung mit LÜBBE und HABERMAS - ein weitaus umfangreicheres Bedeutungsspektrum, das u.a. auch die Kontingenzbewältigung, die Trostfunktion und die Sinnstiftung einschließt. Diese für die Moderne relevanten Funktionen wurden oben unter dem integralen Begriff der Weltbildfunktionen subsumiert. KANT ignoriert dagegen, durch seine drastische Reduktion der Religion auf die Moral, diese vielfältigen Funktionen und damit wesentliche Gehalte und Bedeutungen der Religion. Hier liegt ein Mangel in KANTs Religionsphilosophie. Denn die Religion ist, wie auch LÜBBE und HABERMAS in Übereinstimmung mit der Weltbildfunktionsthese (Abs. 1.2) nachweisen, mehr als nur Moral und die kirchlich verfasste Religion, also der Kirchenglaube oder das religiöse Weltbild, mehr als nur ein Vehikel der Moral.

(3) Nach KANT gibt es *nicht verschiedene Religionen, aber wohl verschiedene Glaubensarten an göttliche Offenbarungen und deren statutarische Lehren, die nicht aus der Vernunft entspringen können.*[42] An anderer Stelle behauptet er: Es *ist nur eine (wahre) Religion* [nämlich der reine Vernunftglaube]; *aber es kann vielerlei Arten des Glaubens geben.*[43] Diese beiden Aussagen korrelieren mit der Gleichnatürlichkeitsthese, dass der menschlichen Vernunft der Glaube an mannigfaltige Weltbilder gleichnatürlich gegenübersteht. Während aber KANT seine verschiedenen Glaubensarten nur als unterschiedliche Ausprägungen des Kirchenglaubens und damit als bloß religiöse Weltdeutungen begreift, schließt der umfassendere Begriff des Weltbildes auch den Glauben an nichtreligiöse Weltanschau-

---

[41] Ebd., S. 49.
[42] Ebd., S. 38.
[43] KANT (2004), a.a.O., S. 139f.

5.2 Begründung und Prüfung der Thesen

ungen ein. Diese können ebenso wie der Kirchenglaube streng dogmatisch sein; sie können aber auch, im Sinne einer aufgeklärten Moderne, offen für Kritik und Reflexion sein (vgl. Abs. 5.3). Die in diesem Buch begründete Gleichnatürlichkeitsthese kann damit als eine modernisierte Fassung der These KANTs gedeutet werden.

(4) KANT beabsichtigt, durch die Einführung der Vernunftidee Gottes, einen Mangel der selbstgesetzgebenden Vernunft zu kompensieren. Der Kirchenglaube, dem der Religionsglaube inhärent ist, kann hierzu ebenfalls als ein nützliches Hilfsmittel fungieren. Dies bedeutet, dass die *Offenbarung, als an sich zufällige Glaubenslehre, für außerwesentlich, darum aber doch nicht für unnötig und überflüssig angesehen wird; weil sie den theoretischen Mangel des reinen Vernunftglaubens [...] zu ergänzen dienlich [...] ist.*[44] Diese Aussage ist gleichfalls konform mit der These der Gleichnatürlichkeit von endlicher Vernunft und Glaube und dem daraus deduzierten Schluss, dass der Glaube das Potential hat, sowohl die natürliche Lücke der theoretischen als auch der praktischen Vernunft zu schließen. Der Unterschied zu KANT besteht darin, dass die in diesem Buch begründete These der Notwendigkeit des Glaubens nicht auf den Kirchenglauben und damit auf religiöse Weltbilder begrenzt ist, sondern den Glauben an säkulare Weltbilder einschließt. Denn auch dieser säkulare Glaube vermag als ein Vehikel den Mangel des reinen Vernunftglaubens zu kompensieren, zwar nicht mit einem Wissen, aber mittels einem subjektiven Fürwahrhalten.

(5) Eine weitere Analogie findet sich in KANTs Bestimmung des Glaubens. *Unter Glaubenssätzen versteht man [...] das, was in praktischer (moralischer) Absicht anzunehmen möglich und zweckmäßig, obgleich nicht eben erweislich ist, mithin nur geglaubt werden kann.*[45] Ersetzt man in dieser Aussage die bloß praktische

---

[44] KANT (2005), a.a.O., S. 9f.
[45] Ebd., S. 45.

5 Ist Religion in der Moderne notwendig?

Absicht durch die erweiterte Absicht der Kontingenzbewältigung, der Orientierungs- und Sinnvermittlung sowie der Trostspendung, so entspricht sie genau den Ausführungen hinsichtlich der vier in diesem Buch deduzierten Thesen. Denn es wurde begründet, dass Weltbilder - religiöse wie nichtreligiöse - nicht *erweislich* sind, *mithin nur geglaubt werden* können. Weltbilder sind ergo stets *glaubensabhängige Weltbilder*. Es wurde gezeigt, dass Weltbilder von existentieller Bedeutung und damit, ganz im Sinne von KANT, *möglich und zweckmäßig* sind, aber eben nicht notwendig. Dies gilt ohne Einschränkung auch für religiöse Weltdeutungen, die KANT im obigen Zitat als Glaubenssätze bezeichnet. Damit wird erneut deutlich, dass das Problem der Religionsphilosophie KANTs hinsichtlich einer Deutung für die Moderne darin besteht, dass seine ausschließliche Reduktion der Religion auf die Moral zu eng ist, da sie wesentliche Bedeutungen und Funktionen der Religion ausklammert. LÜBBEs Kritik an KANT ist also diesbezüglich zuzustimmen (Kapitel drei). Auch HABERMAS, der sich ebenso wie KANT der Aufklärung und damit der Religionskritik verpflichtet hat, räumt ein Mehr der Religion ein (Kapitel vier). Das Bedeutungsfeld der Religion in der Moderne ist zweifelsfrei größer als es KANT in seiner Religionskritik darlegt, aber es ist andererseits auch weitaus kleiner als in LÜBBEs Religionskonzept, das der Vernunft zu wenig Vertrauen schenkt und der Religionskritik zu skeptisch gegenübertritt.

(6) KANT begründet die Nichtnotwendigkeit des Kirchenglaubens, da dieser nicht allgemein und somit nicht für alle Menschen erforderlich ist. *Allgemeinheit für einen Kirchenglauben zu fordern (catholicismus hierarchicus), ist ein Widerspruch, weil unbedingte Allgemeinheit Notwendigkeit voraus setzt, die nur da Statt findet, wo die Vernunft selbst die Glaubenssätze hinreichend begründet, mithin diese nicht bloße Statute sind. Dagegen hat der reine Religionsglaube rechtmäßigen Anspruch auf Allgemeingültigkeit (catholicismus rationalis).*[46] Für

---

[46] Ebd., S. 55.

5.2 Begründung und Prüfung der Thesen

die kulturpluralistische Moderne muss diese Aussage, gemäß den vier oben begründeten Thesen (Abs. 5.2), von ihrer Begrenzung auf den Kirchenglauben oder auf religiöse Weltbilder gelöst und auf alle Weltbilder ausgeweitet werden. Denn jedes einzelne Weltbild, sei es religiös oder profan fundiert, ist stets nur möglich und von partikulärem Nutzen, niemals aber, wie KANT begründet, notwendig und von allgemeinem Nutzen. Diese Aussage scheint im Widerspruch zur oben begründeten Notwendigkeitsthese zu stehen, nämlich dass der Glaube an Weltbilder notwendig ist. Doch dem ist nicht so. Denn mit dieser Notwendigkeitsthese wird nur behauptet, dass jeder Mensch notwendig auf profane Weltanschauungen zurückgreift oder offenbarte religiöse Weltdeutungen als Vehikel übernimmt, um seine Endlichkeit in praktischer und in theoretischer Hinsicht zu überschreiten. Es wird mit dieser These jedoch nicht die Notwendigkeit des Glaubens an ein bestimmtes Weltbild behauptet. Die Notwendigkeit des Glaubens an ein wie auch immer geartetes Weltbild kann, im Sinne KANTs, als ein natürliches Bedürfnis der endlichen Vernunft nach Transzendenz interpretiert werden. KANT unterscheidet dabei zwischen praktischer und reiner Vernunft. *Ein Bedürfnis der reinen Vernunft in ihrem spekulativen Gebrauche führt nur auf Hypothesen, das der reinen praktischen Vernunft aber zu Postulaten.*[47] Überträgt man diese Aussage auf den Weltbildbegriff, so ermöglicht dies neben der Unterscheidung religiöser und profaner Weltbilder, zusätzlich eine Differenzierung in postulierte und hypothetische Weltanschauungen. Erstere ergänzen die endliche Vernunft in praktischer Hinsicht, letztere in theoretischer Hinsicht.

(B) Unterschiede

Neben der Erweiterung von KANTs Begriff des Kirchenglaubens zum umfassenderen Begriff des Weltbildes gibt es noch einen weiteren Unterschied, der für eine Bestimmung der Bedeutung der Religion in der Moderne relevant ist. Dieser

---
[47] KANT (1993b), a.a.O., S. 163.

5 Ist Religion in der Moderne notwendig?

Unterschied gründet, wie bereits oben expliziert, auf KANTs zu enger Bestimmung der Vehikelfunktion. Während nämlich KANT die Vehikelfunktion auf die Förderung der Moral begrenzt, umfassen Weltbildfunktionen - im Sinne von LÜBBE und HABERMAS und der begründeteten Weltbildfunktionsthese (Abs. 1.2) - u.a. auch die Kontingenzbewältigung, die Vermittlung von Orientierung und Sinn sowie die Spendung von Trost. KANTs strikte Reduktion der Religion auf die Moral wird damit aufgehoben.

Als Fazit dieses Abschnitts ist damit das Folgende festzuhalten: KANTs Religionsphilosophie und die in diesem Buch entwickelten und begründeten Thesen zur Bedeutung von Glaube, Religion und Weltbildern für die Moderne stehen in keinem Widerspruchsverhältnis. Wie nachgewiesen wurde, stehen sie sogar in einem sehr engen und einander ergänzenden Verhältnis. Denn es genügen zwei Modifikationen, um KANTs Thesen in die in diesem Buch begründeten Thesen zu überführen. Zum einen ist KANTs Begriff des Kirchenglaubens durch den umfangreicheren Begriff des Weltbildes zu ersetzen. Zum anderen ist der bei KANT auf die moralische Vehikelfunktion begrenzte Glaube um weitere essentielle Funktionen zu erweitern, wie die der Orientierungs- und Sinngebung, der Kontingenzbewältigung und der Trostspendung. Mit diesen Modifikationen geht KANTs Nachweis der Nichtnotwendigkeit des Kirchenglaubens in die These der Nichtnotwendigkeit religiöser Weltbilder über. Und seine Zuweisung der Vehikelfunktion an den Kirchenglauben korreliert mit der oben begründeten These, dass religiöse Weltbilder möglich sind und hinsichtlich ihrer Weltbildfunktionen für Mensch und Staat nützliche Instrumente sein können. Durch diese beiden Modifikationen wird KANTs Religionsphilosophie in die Moderne transformiert. Die bedingungslose Vorrangstellung der Vernunft, die KANT gegenüber dem Glauben einräumt, bleibt dabei durch die in diesem Buch begründeten Thesen unangetastet. Da sie aber den glaubensabhängigen religiösen wie auch nichtreligiösen Weltbildern und Weltanschauungen ein umfangreicheres Bedeutungsfeld einräumen, das über die bloße Förderung der Moral im Sinne KANTs hinausgeht, ist es gerade für die oben begründeten Thesen zwingend, den Glauben klar gegenüber der Vernunft abzugrenzen. Aus dieser Abgrenzung ergeben sich notwendig Forderungen, die ein moderner Glaube erfüllen muss.

5.3 FORDERUNGEN AN DEN GLAUBEN IN DER MODERNE

Der Glaube ist, wie oben nachgewiesen wurde, als Ergänzung der endlichen Vernunft nicht eliminierbar. Ebenso wie die Vernunft gehört er damit zur Naturanlage des Menschen. Dennoch stehen Glaube und Vernunft nicht gleichrangig nebeneinander. Das Gebiet des Glaubens ist allein die Lücke des theoretischen und praktischen Nichtwissens aufgrund der Endlichkeit des menschlichen Vernunftvermögens. Wenn der Glaube dieses Gebiet verlässt und seine Grenzen in Richtung Vernunft überschreitet, dann bedeutet dies eine widervernünftige Zuwendung zum Dogmatismus oder Mythos.

Die Sphäre des Glaubens ist weitaus mehr noch als der Bereich des Wissens der Fallibilität ausgesetzt. Daher ist er beständig zu prüfen sowie der Kritik, Selbstkritik und Reflexion auszusetzen. Diese Offenheit für Kritik, Selbstkritik und Reflexion ist ein unabdingbares Element eines modernen undogmatischen Glaubens. Denn es gibt für die Moderne keinen Weg hinter die Aufklärung zurück. In der Moderne sind somit die Rückkehr zum traditionalen dogmatischen Glauben oder die Hinwendung zu fundamentalistischen Weltbildern, gleich welcher Couleur, als widervernünftig zu verwerfen.

Da der Glaube, wie oben nachgewiesen wurde, nicht obsolet werden kann, ist mit der Modernisierung der Gesellschaft zugleich, im Sinne von HABERMAS, eine Modernisierung des Glaubens zu fordern. *Das bloß Zufällige für an sich notwen-*

5 Ist Religion in der Moderne notwendig?

dig auszugeben[48] ist widervernünftig und folglich einem modernen Glauben nicht adäquat. Religiöse Aussagen müssen in der Moderne, ebenso wie wissenschaftliche Aussagen, den Forderungen nach Kritisierbarkeit und Revidierbarkeit genügen. Buchstäblich *»glauben«, ohne zu untersuchen (selbst ohne einmal recht zu verstehen), was geglaubt werden soll*[49] ist widervernünftig. Der Glaube ist daher an die Bedingungen der Vernunft (conditio sine qua non) zu binden und im Sinne des aufklärerischen sapere aude unaufhörlich zu prüfen. Der Mensch darf durch den Glauben nicht unmündig werden. Die Vernunft muss mithin bedingungslos das letzte Wort haben.

Der Mensch kann zwar ohne Glaube nicht sein, aber er darf ihn nicht über oder wider die Vernunft stellen. Hieraus folgt, dass der Glaube an ein Weltbild - unabhängig davon, ob es ein religiöses oder areligiöses ist - den Menschen nicht von der Forderung nach kritischer Reflexion befreit. *Der Glaube ist*, sogar aus theologischer Perspektive, *kein sicherer Hafen, er ist eine Herausforderung.*[50] Auch für die Philosophie ergibt sich hieraus eine Herausforderung, die bereits KANT hinsichtlich des Bibelglaubens formulierte, nämlich *die Freiheit der Philosophen, ihn jederzeit der Kritik der Vernunft zu unterwerfen.*[51]

Die Notwendigkeit des Glaubens an Weltbilder oder Weltanschauungen ist mit einer Ambivalenz korreliert. Einerseits vermögen weltanschauliche Positionen praktische Orientierung zu geben, Kontingenzen zu bewältigen oder Trost zu spenden, andererseits können aus Weltbildern auch Gefahren entspringen, wie z.B. ihr Missbrauch als politische Ideologie oder als religiös-dogmatischer Fundamentalismus. Nur wenn der Glaube kontinuierlich und bedingungslos zur

---

[48] KANT (2005), a.a.O., S. 55.
[49] Ebd., S. 32.
[50] COYNE, George: Aliens und Atheisten. Hamburg, DIE ZEIT, 8/2006. COYNE ist Theologe, Astrophysiker und Leiter der päpstlichen Sternwarte.
[51] KANT (2005), a.a.O., S. 77.

prüfenden Selbstreflexion herausgefordert wird, können diese Gefahren und ihre blutigen Folgen, die gerade auch das Bild der Moderne prägen[52], mittels der Kraft der Vernunft verhindert werden. Eine Moderne, die den Begriff *Kampf der Kulturen*[53] (clash of civilizations) zur Selbstcharakteristik benötigt, verlässt KANTs sapere aude, ROUSSEAUs Verwerfung religiöser Intoleranz (l'intolérance théologique) als auch CUSANUS' pace fidei und kehrt zum Fideismus des frühen scholastischen Mittelalters zurück.

Ein moderner Glaube, der das Bewusstsein der eigenen Fallibilität einschließt und den Forderungen nach Selbstkritik und Reflexion genügt, wird nicht nur die aufgeführten Gefahren zu verhindern wissen, sondern auch der Vernunft fruchtbare Anstöße geben können. Denn er hat die innere Kraft, im Sinne von HABERMAS' Lernprozess, der Vernunft ihre Grenzen aufzuzeigen und sie davon abzuhalten, sich allwissend zu fühlen. Hierdurch können vom religiösen Glauben wie auch vom Glauben an andere Weltbilder, relevante Impulse für die Vernunft und den wissenschaftlichen Fortschritt ausgehen. Hieraus folgt die These, dass glaubensabhängige Weltbilder und Weltanschauungen in der Moderne für die Wissenschaft fruchtbar gemacht werden können, da sie das Potential haben, als heuristisches Prinzip zu fungieren.

5.4 BEDEUTUNG DER RELIGION ALS HEURISTISCHES PRINZIP

In diesem Abschnitt wird eine besondere Bedeutung der Religion in der Moderne expliziert, die LÜBBE und HABERMAS nicht nennen. Angedeutet wird diese Bedeutung u.a. bei Paul FEYERABEND (1924-1994). Es geht um die Bedeutung

---

[52] Z.B. die schrecklichen Anschläge in New York (11. September 2001), Madrid (11. März 2004) und London (7. Juli 2005).
[53] Vgl.: HUNTINGTON, Samuel P.: *Kampf der Kulturen. Die Neugestaltung der Weltpolitik im 21. Jahrhundert.* 4. Auflage. München, Goldmann, 2002. Siehe unter anderem auch: DIE ZEIT 7/2006 mit der Titelüberschrift *Wer will den Kampf der Kulturen?*

5 Ist Religion in der Moderne notwendig?

des religiösen Glaubens als heuristisches Prinzip und somit als Arbeitshypothese oder Hilfsmittel der Forschung. Auch wenn die in diesem Abschnitt durchgeführten Überlegungen auf den religiösen Glauben begrenzt sind, so gelten sie doch grundsätzlich wieder für den Glauben an Weltbilder im Allgemeinen.

Es wird versucht die These zu begründen, dass glaubensabhängige Weltbilder einen weitreichenden Einfluss auf die Vernunft und folglich auf die Wissenschaft haben können. So können spekulative Weltbilder den Wissenschaften fruchtbare Impulse bei der Theorien- und Hypothesenbildung geben, indem sie im Entdeckungszusammenhang des Forschungsprozesses als *vorläufige Annahme zum Zweck des besseren Verständnisses eines Sachverhalts*[54] fungieren. Spekulationen und phantasievoll entwickelte Modelle der Realität sind in den Naturwissenschaften seit jeher hilfreiche heuristische Prinzipien der Hypothesenbildung. Von jungen Nachwuchswissenschaftlern wird daher in den Natur- und Ingenieurwissenschaften vor allem Phantasie, Ideen- und Einfallsreichtum sowie Kreativität erwartet. Solange sich eine Hypothese nicht durch innere Widersprüche selbst falsifiziert, kann sie für die wissenschaftliche Praxis fruchtbar gemacht werden. Auch ein Glaubender wird, sofern er nicht jeglicher Vernunft entbehrt, einer Glaubensaussage keinen Glauben mehr schenken, wenn sie sich in logische Widersprüche verwickelt. Unter dieser Prämisse kann der Weltbildglaube als ein adäquates heuristisches Prinzip neben anderen fungieren. Dies wäre im Sinne FEYERABENDs, der gemäß seinem Grundsatz *Anything goes*[55] im Entdeckungszusammenhang durchaus auch religiöse und mythische Impulse für fruchtbar behauptet. Bei der Erkenntnisgewinnung darf nach FEYERABEND keine Auffassung weggelassen werden, denn *jedes Märchen, jeder Mythos, der dazugehört, zwingt die anderen zu deutlicherer Entfaltung, und alle tragen durch ihre Kon-*

---

[54] Duden. Band 5. Das Fremdwörterbuch. 5. neu bearbeitete und erweiterte Auflage. Mannheim, Dudenverlag, 1990, S. 309.
[55] FEYERABEND, Paul: Wider den Methodenzwang. 7. Auflage. Frankfurt am Main, Suhrkamp, 1999, S. 32.

kurrenz zur Entwicklung unseres Bewußtseins bei.[56] HABERMAS steht diesem Konzept und damit einem religiösen heuristischen Prinzip allerdings skeptisch gegenüber. Denn er befürchtet: *der Hexenglauben darf dann mit der Newtonschen Mechanik ernstlich rivalisieren.*[57] Diese Gefahr ist zwar zweifelsfrei gegeben, aber man kann ihr entgegenwirken. Denn diese Gefahr besteht solange nicht, wie man erstens die durch Hans REICHENBACH (1891-1953) begründeten Bereiche des Entdeckungszusammenhangs (context of discovery) und des Rechfertigungszusammenhangs (context of justification) strikt voneinander trennt und zweitens der Vernunft gegenüber glaubensabhängigen, heuristischen Weltbildern unstrittig und bedingungslos den Führungsanspruch einräumt. Hieraus folgt, im context of justification sind Weltbilder, welcher Couleur auch immer, grundsätzlich tabu. Auch die Phantasie, die bei der Konzeption von Hypothesen bis hin zu Weltbildern fruchtbar gemacht werden kann, muss der Vernunft bedingungslos genügen, um zu vermeiden, das sie sich, wie KANT befürchtet, *unvermeidlich ins Überschwengliche*[58] verläuft.

Unter der Prämisse, dass die hier aufgeführten Forderungen beachtetet werden, kann sowohl die Vernunft inspirierend auf den Glauben, so wie dieser inspirierend auf die Vernunft einwirken. Damit ist es denkbar, dass beide in einem dialektischen Prozess dem Fortschritt dienlich sind. Das letzte Wort muss aber wieder bedingungslos bei der Vernunft liegen.

5.5 EXKURS: SZIENTISTISCH-NATURALISTISCHE WELTBILDER

Religion ist in der Moderne unverkennbar auch von wirtschaftlicher Bedeutung. Sie ist zum Marktprodukt geworden, an dem mittlerweile auch der Wissenschafts-

---

[56] Ebd., S. 34.
[57] HABERMAS (1973a), a.a.O., S. 376.
[58] KANT (2005), a.a.O., S. 50.

5 Ist Religion in der Moderne notwendig?

betrieb in zweifelhafter Weise profitiert. Es ist beachtlich und erschreckend zugleich, in welcher Vielfalt und Breite in der Moderne die Religion wissenschaftlich vermarktet wird. Hirnforscher entdecken den Ursprung der Religion einprogrammiert im menschlichen Hirn und prägen dafür das Schlagwort *Neurotheologie*[59], Neurobiologen publizieren eine *God Gene Theory*[60], welche die Frage beantwortet, *how faith is hardwired into our genes*[61], und Astrophysiker vermuten das Geheimnis Gottes als codierten Code im Himmel und begründen, *that the cosmic microwave background (CMB) provides a stupendous opportunity for the Creator of our universe (assuming one exists) to have sent a message to its occupants, using known physics.*[62] Alle diese Arbeiten haben aber weder mit wahrer Wissenschaft, noch mit Philosophie zu tun, sondern nur mit zu gewagten Spekulationen und Vermutungen. Die genannten Arbeiten haben folglich alle eine unverkennbare Gemeinsamkeit; sie gründen umfassende Schlüsse auf bloß spärlichen Belegen. So entstehen nach und nach scheinbar wissenschaftlich fundierte Weltbilder.

Dieser Szientismus *tritt allerdings zu religiösen Lehren in ein echtes Konkurrenzverhältnis, sobald er ein naturwissenschaftliches Weltbild entwirft und den wissenschaftlich objektivierenden Blick auf die handelnde und erlebende Person mit der Forderung nach einer Selbstobjektivierung des Alltagsbewusstseins in die Lebenswelt hinein verlängert.*[63] Religion und Metaphysik sind also nicht die einzigen konkurrierenden Weltbilder. Denn *naturalistische Menschenbilder, die*

---

[59] SCHNABEL, Ulrich: Wo ist Gott? Hamburg, DIE ZEIT, 11/2002.
[60] HAMER, Dean: The God Gene. New York, Anchor Books, 2005, S. 6ff. HAMER behauptet, *that we have a genetic predisposition for spiritual belief.* In: ders.: a.a.O., S. 8. Siehe auch: SCHNABEL, Ulrich: Warum Menschen glauben. Hamburg, DIE ZEIT, 20/2005.
[61] HAMER, Dean: The God Gene. New York, Anchor Books, 2005, Untertitel des Buches.
[62] HSU, S.; ZEE, A.: Message in the Sky. Cornell, Cornell University Library arXiv.org. In: http://arxiv.org/PS_cache/physics/pdf/0510/0510102v3.pdf. Stand: Juli 2009. Siehe auch: RAUNER, Max: Graffiti von Gott. Hamburg, DIE ZEIT, Nr. 49/2005.
[63] HABERMAS (2005c), a.a.O., S. 254.

5.5 Exkurs: Szientistisch-Naturalistische Weltbilder

in der Sprache von Physik, Neurologie oder Evolutionsbiologie ausbuchstabiert werden, liegen schon seit langem im Wettstreit mit den klassischen Menschenbildern der Religion und der Metaphysik.[64] Naturalistische Weltanschauungen gründen auf der Prämisse, dass alles aus der Natur und diese aus sich selbst heraus erklärbar ist. Daher könne der Mensch seine Lebensorientierung aus der Natur finden. Denn alles, auch der Mensch, ist Natur (Naturalismus). Folglich sei jede Wissenschaft Naturwissenschaft. Dieser Schluss führt schließlich zum zweifelhaften Konzept einer naturalistischen Einheitswissenschaft, das inzwischen als widerlegt gelten kann. Denn menschliche Handlungen, wozu auch religiöse Handlungen und Glaubensaktivitäten gehören, lassen sich nicht vollständig auf ein nomologisches Erklärungsmodell rekurrieren. Dem Naturalismus ähnlich ist der im 17. Jahrhundert dominierende Mechanismus, der die ganze Wirklichkeit (einschließlich Seele, Geist, Denken und Bewusstsein) auf Kräfte oder Bedingungen der Materie zurückführte.

Die Konkurrenz zwischen naturalistischen und religiösen Weltbildern führt zur Frage nach dem Vorrang. Nach HABERMAS muss diese Frage (vorerst) unbeantwortet bleiben. *Naturalistische Weltbilder, die sich einer spekulativen Verarbeitung wissenschaftlicher Informationen verdanken und für das ethische Selbstverständnis der Bürger relevant sind,*[65] haben, so HABERMAS, *keineswegs prima facie Vorrang vor konkurrierenden weltanschaulichen oder religiösen Auffassungen.*[66] Gleiches gilt umgekehrt aber auch für religiöse Weltbilder. Dies bedeutet, weder naturalistische noch religiöse Weltbilder können einen begründeten Anspruch auf eine Vorrangstellung erheben. Für LÜBBE ist dagegen die Rangfrage

---

[64] HABERMAS (2002c), a.a.O., S. 152.
[65] Naturalistische Weltbilder sind sicherlich nicht nur, wie HABERMAS behauptet, für das ethische Selbstverständnis relevant, sondern haben zumindest auch das Potential, dem einzelnen Menschen eine Selbstverortung und Selbstvergewisserung im Weltganzen zu ermöglichen.
[66] HABERMAS/RATZINGER (2005a), a.a.O., S. 36.

5 Ist Religion in der Moderne notwendig?

zu beantworten. Denn der *inzwischen nahezu vollendete Vorgang er und weltanschaulicher Neutralisierung des wissenschaftlichen Erkenntchritts*⁶⁷ gibt der Religion einen klaren Vorrang. Die Gründe hierfür sieht in den modernen Wissenschaften selbst. Denn *je tiefer die Wissenschaflie Dimensionen des sehr Großen, des sehr Kleinen und des sehr Kommen eindringen, um so weniger tangieren sie unsere Primärerfahrungen.*⁶⁸ alb geht von ihren *Fortschritten ihrer Lebensweltferne wegen keinerlei urell bedeutsame Orientierungsirritationen mehr aus*⁶⁹, geschweige denn eine ientierungsleistung. Dies bedeutet, die Religion kann, ganz im Sinne von ÜBBEs These der Notwendigkeit und Unersetzlichkeit religiöser Weltbilder, nicht durch szientistische Weltauffassungen ersetzt werden.

Aus philosophischer Sicht sind die szientistisch-naturalistischen Weltbilder der Moderne zunächst nur kontingente Phänomene ohne philosophische Evidenz. Da sie aber den universalen Anspruch erheben, die Welt und mit ihr die Existenz des Menschen als Ganzes zu deuten, woraus allgemeine Handlungsorientierungen resultieren, sind sie eo ipso auf eine philosophische Reflexion angewiesen. Es ist eine Aufgabe der Philosophie, diese ersatzreligiösen Weltbilder kritisch zu hinterfragen, um Aufklärung zu leisten. Dies bedeutet, dass szientistisch-naturalistische Weltbilder, ebenso wie religiöse Weltanschauungen, in puncto ihrer Verallgemeinerbarkeit und ihrer Bedeutung für Mensch und Staat, d.h. in puncto ihrer allgemeinen Zumutbarkeit beständig zu prüfen sind. Es geht also darum, überschwänglichen Spekulationen Einhalt zu gebieten und die Wissenschaftspraxis in die Grenzen der Vernunft zurückzuverweisen. Gegenwärtig findet man solche gewagten Spekulationen vergleichsweise häufig in der Hirn- und Genforschung und zwar nicht nur im Entdeckungszusammenhang. Ein bekanntes Beispiel ist die

---

⁶⁷ LÜBBE (2005), a.a.O., S. 58.
⁶⁸ Ebd.
⁶⁹ Ebd.; Siehe auch Kapitel drei, Fußnote 42.

5.5 Exkurs: Szientistisch-Naturalistische Weltbilder

durch Wolf SINGER, Gerhard ROTH und anderen vertretene These, dass all\
menschlichen Handlungen durch die neuronale Struktur des menschlichen Gehirns kausalgesetzlich determiniert sind und damit die menschliche Willensfreiheit nur eine Illusion ist.[70] Es ist eine These, die gegenwärtig weder zweifelsfrei verifizierbar noch falsifizierbar ist. Sie drückt damit eine bloß spekulative Vermutung aus, die aber von großer weltanschaulicher Relevanz ist, da sie das Selbstverständnis des Menschen als frei denkendes und handelndes Wesen unmittelbar im Kern trifft. Damit scheint es, als habe sich in der Moderne die Rolle von Wissenschaft und Philosophie umgekehrt, was auch HABERMAS einräumt: *Heute drängen philosophierende Verhaltensforscher oder Physiker zu weltbildhaften Popularsynthesen, denen gegenüber die Philosophen eine gewisse Skepsis nicht unterdrücken. Insofern sind die traditionellen Rollen vertauscht.*[71]

---

[70] Siehe hierzu beispielsweise das mittlerweile weit über die Grenzen der Hirnforschung bekannt gewordene Manifest elf führender Neurowissenschaftler über Gegenwart und Zukunft der Hirnforschung. In: Gehirn & Geist, 6/2004, S. 30-37.

[71] HABERMAS, Jürgen: Die Neue Unübersichtlichkeit. Frankfurt am Main, Suhrkamp, 1985, S. 59f.

6 Fazit, Ausblick, Schlusswort

Der Glaube bereichert das menschliche Dasein, vorausgese[tzt]
Vernunft und Toleranz sind seine beständigen Begleiter.
jhf 2009.

In diesem Kapitel werden zunächst die wesentlichen Ergebnisse zusammenge[-]fasst, die in den vorangegangenen Kapiteln sukzessive entwickelt wurden (Abs. 6.1). Anschließend wird auf noch unbeantwortete Fragen und ungelöste Problemstellungen hingewiesen, die in den vorangegangenen Kapiteln aufgedeckt wurden und auf wissenschaftlich interessante Folgearbeiten verweisen (Abs. 6.2). Das Kapitel endet mit einem Schlusswort (Abs. 6.3).

6.1 Fazit

Im Rahmen einer kritischen Auseinandersetzung mit den Theorien von ROUSSEAU, LÜBBE und HABERMAS wurden in diesem Buch die Unterschiede und Gemeinsamkeiten ihrer Theorien entfaltet und die ihren Theorien inhärenten Widersprüche und Fehlschlüsse aufgedeckt. Die Auseinandersetzung mit ihren Theorien hat aber auch den Weg gewiesen, die Impulse, die vor allem von den Gegensätzen ihrer Theorien ausgehen, zur Entwicklung und Ableitung eigener Thesen zur Bedeutung der Religion und des Glaubens in der Moderne fruchtbar zu machen.

Die kritische Auseinandersetzung mit den Religionskonzepten von ROUSSEAU und LÜBBE zeigte, dass Zivilreligionen funktionalisierte Minimalreligionen sind, die im Gegensatz zu kirchlich verfassten Religionen oder Offenbarungsreligionen keine Wahrheitsansprüche erheben. Theoretische Wahrheiten wie Gottesbeweise oder Offenbarungen spielen in diesen konfessionslosen bürgerlichen Religionen keine Rolle, wohl aber ihre praktische Wirksamkeit hinsichtlich Moral und Politik. Zivilreligionen erheben Relevanzansprüche.

6 Fazit, Ausblick, Schlusswort

igionen kommen mit wenigen und einfachen Dogmen aus, die als
onsensfähig angenommen werden. Folglich ist ihr Umfang an Glau-
umso kleiner, je heterogener das Gesellschaftswesen ist. Da die
ltanschauliche Pluralisierung der Gesellschaft seit ROUSSEAU deut-
chritten ist, fundieren moderne Zivilreligionen folgerichtig auf einem
ren Konsens als die religion civile ROUSSEAUs. Im Extremfall
ch ihr Gehalt auf die instrumentalisierte Nennung Gottes als einziges
)ogma. Zudem wird von Gott meist nur noch in abstrakter, d.h. in
r, unverbindlicher und unpersönlicher Weise gesprochen. Im Unter-
r religion civile sind moderne Zivilreligionen nicht bekenntnispflichtig.
tlose gilt daher nicht mehr als Feind der Gesellschaft und der Staat ist
nehr befugt Gottlose zu verbannen.

vurde gezeigt, dass Zivilreligionen von weitreichender politischer und in-
utioneller Bedeutung sind. Zivilreligionen sind damit, ebenso wie kirchlich
rfasste Religionen, ein wichtiges Moment unserer Kultur. Sie vermitteln Moral,
ördern den Frieden, stützen und rechtfertigen die Staatsmacht, stiften Identität
und Sinn, stabilisieren die politische Ordnung und bewältigen Kontingenzen. In
diesen Funktionen fungieren Zivilreligionen gegenwärtig als zweckdienliche
Vehikel. Sie sind jedoch, wie nachgewiesen wurde, in ihren Funktionen im streng
logischen Sinne nicht absolut notwendig, da diese Funktionen grundsätzlich auch
anders, z.B. vernunftgeleitet ausgeübt werden können. Dies impliziert aber nicht,
dass Zivilreligionen durch Vernunft oder Philosophie zu ersetzen sind. Dieser
Schluss wäre falsch, denn aus der Nichtnotwendigkeit folgt keinesfalls die Nichtmöglichkeit. Dies bedeutet, dass Zivilreligionen auch in vollständig aufgeklärten,
also vernunftgeleiteten Staaten mögliche und nützliche Instrumente bleiben. Die
Aufgabe der vernunftverpflichteten Philosophie ist also nicht, Zivilreligion zu
beseitigen, sondern ihre Leistungen und Wirkungen kritisch und diskursiv zu
prüfen sowie die Frage nach ihrer Bedeutsamkeit und Relevanz für uns als Kultur-

6.1 Fazit

wesen und für den Staat zu beantworten. Ihre Aufgabe ist folglich Kritik und Aufklärung.

Die kritische Auseinandersetzung mit dem Religionskonzept HABERMAS' zeigte, dass ein Obsoletwerden der Religion mit fortschreitender Modernisierung, Rationalisierung und Säkularisierung zumindest denkbar und möglich ist. Die Notwendigkeit des Obsoletwerdens der Religion lässt sich hieraus, wie nachgewiesen wurde, jedoch nicht begründen. Denn mit der Modernisierung geht nicht, wie gezeigt wurde, notwendig eine Säkularisierung im Sinne eines Absterbens der Religion einher. Ebensowenig kann aus der bloßen Feststellung, dass die Versprachlichung des Sakralen einen Rest an Religion lässt, der nicht in eine profane und damit allgemeine Sprache übersetzbar ist, auf die Notwendigkeit dieses Rests geschlossen werden. Mit seiner These des notwendigen religiösen Rests nähert sich HABERMAS zweifelsfrei der Konzeption LÜBBEs. Wie im Rahmen der Auseinandersetzung mit der Konzeption LÜBBEs nachgewiesen wurde, kann jedoch nur die Möglichkeit der Religion ausgewiesen werden, nicht aber ihre Notwendigkeit. Weder die Faktizität, dass die Religion trotz Aufklärung gegenwärtig noch nicht verschwunden ist und sogar eine Renaissance erfährt, noch die Feststellung, dass die Übersetzung des Religiösen ins Profane möglicherweise unvollständig bleibt, können mithin den Beweis der Notwendigkeit der Religion erbringen. In dieser Hinsicht irrt HABERMAS ebenso wie LÜBBE, auch wenn sein behaupteter Religionsrest weitaus kleiner und für Mensch und Staat von weitaus geringerer Bedeutung ist, als in der Konzeption LÜBBEs. Im Gegensatz zu LÜBBE begründet HABERMAS im staatlichen und im politischen Bereich nur eine äußerst marginale Bedeutung der Religion, die auf die Förderung von Motivationen und Einstellungen, die von Staatsbürgern in der Rolle demokratischer Mitgesetzgeber erwartet werden, begrenzt ist.

Insgesamt ist, wie dargelegt wurde, das Bedeutungsspektrum, das die religionskritische Konzeption HABERMAS' der Religion zuweist, weitaus schmaler, als

6 Fazit, Ausblick, Schlusswort

in der religionsfreundlichen Konzeption LÜBBEs. Wäre es die Aufgabe, den entscheidenden Unterschied ihrer beiden Konzepte in einem Satz zusammenzufassen, so müsste dieser Satz wie folgt lauten: LÜBBE traut der Religion zu viel und der Vernunft zu wenig zu, während HABERMAS der Vernunft zu viel und der Religion zu wenig zutraut.

HABERMAS begründet, wie erörtert wurde, dass die Bedeutung der modernen Religion vor allem in ihrem Potential liegt, Kritik und Reflexion zu initiieren. Die Religion hat folglich die innere Kraft, den modernen Bürger zur Selbstkritik herauszufordern, ihn hinsichtlich der Endlichkeit und Fehlbarkeit seiner Vernunft aufzuklären und damit einen Lernprozess anzuregen. Die Religion wird damit selbst zur Aufklärerin. Aber auch die Religion muss zur Selbstkritik und Reflexion herausgefordert und hinsichtlich ihrer eigenen Grenzen aufgeklärt werden, was die Aufgabe der Vernunft ist. Hieraus bildet sich insgesamt nach HABERMAS ein doppelter, komplementärer Lernprozess. Es wurde nachgewiesen, dass dieser Lernprozess nicht bloß ein zweifacher ist, sondern im Sinne eines vielfach vernetzten Lernens zu deuten ist. Denn der Vernunft stehen nicht nur religiöse Weltbilder und Weltanschauungen gegenüber, sondern eine Mannigfaltigkeit unterschiedlicher weltanschaulicher Positionen, die den Weltanschauungspluralismus moderner, liberaler Staaten repräsentieren. Vernunft und Glaube haben beide, wie gezeigt wurde, gleichermaßen ihre Pathologien und Grenzen. Aus diesem Grund können sich Vernunft und Glaube gegenseitig ergänzen und dialektisch in ihrem Lernprozess befruchten, indem sie sich wechselseitig zu Kritik, Selbstkritik und Reflexion herausfordern. Denn Lernen bedeutet immer auch ein Lernen von Anderen, wobei kein Anderer und kein Anderes ausgeschlossen werden darf.

Die Religion hat, wie nachgewiesen wurde, die innere Kraft Entscheidungs- und Handlungsorientierung zu geben, Sinn zu stiften, Kontingenzen zu bewältigen, Trost zu spenden, Moral zu fördern, Identität zu stiften und vieles mehr. In diesen

6.1 Fazit

Funktionen entfaltet die Religion ihre praktische Relevanz. Doch diese Funktionen sind, wie gezeigt wurde, keine exklusiv religiösen Funktionen, wie LÜBBE es annimmt. Denn die Religion steht als religiöses Weltbild in Konkurrenz zu nichtreligiösen Weltbildern, die ebenfalls die Kraft haben oder auch nur beanspruchen, diese Funktionen zu leisten. Aus diesem Grunde wurden diese Funktionen unter dem Begriff der Weltbildfunktionen subsumiert. Es mag sein, dass religiöse Weltbilder diese Funktionen effizienter ausführen als alle anderen Weltbilder oder Weltanschauungen. Doch dies ändert nichts an ihrer Zufälligkeit und Partikularität. Religiöse Weltbilder sind damit ebenso wie alle anderen weltanschaulichen Positionen nicht allen Menschen zumutbar. Die Religion konkurriert aber nicht nur mit profanen Weltdeutungen, sondern vor allem mit der Vernunft. Denn diese vermag aus sich heraus viele der aufgeführten Funktionen auszuüben, ohne Rekurs auf religiös-autoritative Quellen oder Gott. Gerade weil Weltbilder auch den Anspruch erheben, den Menschen allgemeine Handlungsorientierung zu geben, sind sie eo ipso auf eine philosophische Reflexion angewiesen. Dies gilt uneingeschränkt auch für religiöse Weltdeutungen, seien sie kirchlich verfasst oder zivil. Denn auch sie sind auf den Menschen und seine Lebensgestaltung gerichtet. Folglich besteht auch bei ihnen eo ipso ein philosophischer Reflexions- und Diskussionsbedarf. Solange es also Religion gibt, wird die Philosophie ihr kritischer Begleiter sein.

Ein elementares, in diesem Buch deduziertes Ergebnis ist, dass nicht die Religion notwendig ist, sondern der Glaube. Beide Begriffe sind, wie begründet wurde, klar und deutlich zu trennen. Der Glaube wurde als ein subjektives Fürwahrhalten eines Weltbildes oder einer Weltanschauung bestimmt. Die Rechtfertigung dieser Begriffsbestimmung wurde damit begründet, dass weltanschauliche Aussagen, die sich auf die Welt und das menschliche Dasein als Ganzes beziehen, zumeist weder verifiziert noch falsifiziert, sondern nur geglaubt oder nicht geglaubt werden können. Dies gilt uneingeschränkt auch für religiöse Aussagen, wie z.B. dass Gott existiert. Jede Religion ist folglich ebenso wie jedes andere säkulare Weltbild auf den Glauben angewiesen. Der Glaube bildet damit das wichtigste Konstitut der Religion, denn ohne Glaube ist jede Religion leer. Nicht die Religion ist folglich notwendig für den Glauben, sondern der Glaube ist notwendig für die Religion. Dennoch ist der Glaube nur ein notwendiges aber kein hinreichendes Konstitut der Religion. Denn der Glaube führt nicht notwendig zur Religion, da der Mensch, wie nachgewiesen wurde, seinen Glauben auch auf profane, atheistische Weltbilder richten kann. Religion ist als theistisches Weltbild nur ein Weltbild unter anderen.

Als Grund für den Glauben an Weltbilder wurde die natürliche Endlichkeit der menschlichen Vernunft sowohl in praktischer als auch in theoretischer Hinsicht ermittelt. Diese Endlichkeit führt den Menschen notwendig zu einem Glauben, der aber, wie geprüft wurde, nicht notwendig ein religiöser Glaube, also ein Glaube an Gott sein muss. Denn jede Religion ist grundsätzlich ersetzbar, worüber auch ihre partikuläre Nützlichkeit nicht hinwegtäuschen kann. Nützlichkeit impliziert keine Notwendigkeit.

6.2 Ausblick

Im Vordergrund dieses Buches stand, entsprechend seinem Titel, die kritische Auseinandersetzung mit den Theorien von LÜBBE (Kapitel drei) und HABERMAS (Kapitel vier) im Hinblick auf die Bedeutung der Religion in der Moderne. Die Gemeinsamkeiten, Unterschiede und Widersprüche in ihren Religionskonzepten, die als Ergebnis dieser Auseinandersetzung ausgewiesen wurden, bildeten den Ausgangspunkt zur Entwicklung eigener Thesen zur Bedeutung der Religion und des Glaubens in der Moderne. Die systematische Explikation dieser Thesen und ihre stringente Begründung nehmen in diesem Buch die Stellung eines nach- oder untergeordneten Schwerpunkts ein (Kapitel fünf). Dieser Teil nimmt folglich

6.2 Ausblick

in diesem Buch einen deutlich geringeren Umfang ein, als die im Vordergrund stehende zentrale Aufgabe der Auseinandersetzung mit den Konzeptionen von LÜBBE und HABERMAS. Mit Rücksicht auf den Gesamtumfang des Buches war es also nicht möglich, hier alle Fragen zu beantworten und alle Probleme bis ins Detail zu erörtern. Dies bedeutet, das vorliegende Buch hinterlässt offene Fragen und ungelöste Probleme, was aber einer wissenschaftlichen Arbeit inhärent ist. Denn aufgrund der dynamischen Natur des wissenschaftlichen Fortschritts ist jede um Antworten bemühte wissenschaftliche Arbeit immer zugleich auch Quelle neuer Fragen.

Welche Fragen und Probleme bleiben also am Ende der in diesem Buch vorgestellten religionsphilosophischen Arbeit? Diskussions- und Reflexionsbedarf besteht vor allem bei den beiden Grundbegriffen der Religion und des Glaubens, da alle Religionskonzepte auf diese beiden Begriffe rekurrieren müssen.
Es geht damit also um zwei Kernfragen der Religionsphilosophie: Was ist Religion? Was ist Glaube? Diese Fragen sind im Kontext der Moderne zu beantworten. In der vorliegenden Arbeit konnte aufgrund der Themenstellung die allgemeine, d.h. die nicht nur auf ROUSSEAU, LÜBBE und HABERMAS begrenzte Explikation der beiden komplexen Begriffe Religion und Glaube nur vorbereitet werden. So wurde zur Bestimmung des Begriffs des Glaubens auf KANTs Begriff des subjektiven Fürwahrhaltens rekurriert. Aber ist diese Begriffsbestimmung in der Moderne noch zu rechtfertigen? Engt sie den Glauben nicht zu sehr auf vermeintliches Wissen ein, anstatt den praktischen Aspekt zu betonen, der jedem religiösen Glauben inhärent ist? Die Bestimmung des Begriffs der Religion erfolgte in Übereinstimmung mit HABERMAS' Bestimmung der Religion als Weltbild. Doch wird diese Bestimmung der Religion tatsächlich gerecht? Ist sie nicht, wie bereits in der Einleitung dieser Arbeit dargelegt, zu theorielastig und abstrakt? Es soll daher zu einer Arbeit angeregt werden, in der diese Fragen den Kern bilden. Mit der damit verknüpften Thematisierung der Begriffe Religion und

Glaube wäre dann zugleich auf das Verhältnis von Religion und Glauben und vor allem auf das Verhältnis von Glaube und Vernunft oder Glaube und Wissen aus der Perspektive der Moderne zu reflektieren. Was das erste Verhältnis betrifft, so wurde gezeigt, dass Glaube und Religion zwei Begriffe sind, die nicht identisch sind und auch nicht notwendig miteinander korrelieren. Andererseits stehen sich diese Begriffe aber auch nicht diametral gegenüber. Hier wäre zu untersuchen, worin die Schnittmenge dieser beiden Begriffe besteht und worin sich diese Schnittmenge auszeichnet. Diese Aufgabe könnte zum Beispiel begriffslogisch, formallogisch oder analytisch gelöst werden. Was das Verhältnis von Glaube und Vernunft in der Moderne betrifft, so hat HABERMAS, wie im Kapitel vier dargelegt, bereits eine klare Konzeption entwickelt. Aber auch sie weist noch zu schließende Lücken auf. So wäre sicherlich noch zu untersuchen, ob das Verhältnis von Glaube und Vernunft nicht mehr (oder vielleicht sogar weniger) beinhaltet, als die gegenseitige Herausforderung zur Selbstkritik und Reflexion.

6.3 SCHLUSSWORT

In diesem Buch wurde der Beweis erbracht, dass der Glaube nicht nur möglich, sondern notwendig ist. Da es aber nicht den einen Glauben gibt, sondern vielerlei Arten von Glauben, ist jeder Gläubige dem Gebot der Toleranz gegenüber Andersgläubigen verpflichtet. Zudem ist jeder Gläubige seiner eigenen selbstkritischen Vernunft verpflichtet. Vernunft und Glaube schließen einander nicht aus, sondern haben das Potential, sich gegenseitig zu befruchten. Der Glaube ist der Kritiker der Vernunft und die Vernunft die Kritikerin des Glaubens. Unter diesen Prämissen ist der Glaube eine Bereicherung der Moderne im Allgemeinen und des modernen Menschen im Besonderen. Hinsichtlich des Glaubens kann damit das folgende Schlusswort formuliert werden: Der Glaube bereichert das menschliche Dasein, vorausgesetzt, Vernunft und Toleranz sind seine beständigen Begleiter.

LITERATUR

[1] ARE, Edmund (Hrsg.): Kommunikatives Handeln und christlicher Glaube. Ein theologischer Diskurs mit Jürgen Habermas. Paderborn, Schöningh, 1997.

[2] AUGUSTINUS, Aurelius: Vom Gottesstaat - De civitate dei. 4. Auflage. München, dtv, 1997.

[3] BAHR, Hans-Eckehard (Hrsg.): Religionsgespräche. Zur gesellschaftlichen Rolle der Religion. Darmstadt, Luchterhand, 1975.

[4] BELLAH, Robert N.: Civil Religion in America. In: Daedalus, Journal of the American Academy of Arts and Sciences, 1967, Vol. 96, No. 1, S. 1-21. Ein Abdruck dieses Artikels findet sich u.a. bei http://hirr.hartsem.edu/Bellah/articles_5.htm. Stand: Juli 2009.

[5] BÖCKENFÖRDE, Ernst-Wolfgang: Recht, Staat, Freiheit. Studien zur Rechtsphilosophie, Staatstheorie und Verfassungsgeschichte. Frankfurt am Main, Suhrkamp, 1991.

[6] BROEKMAN, Jan M.: Die Europäisierung des Rechts. Kurseinheit 2: Philosophische Grundlagen des EU-Rechts. Hagen, Kurs 3388 der FernUniversität in Hagen, 2000.

[7] CASSIRER, Ernst: Versuch über den Menschen. Einführung in eine Philosophie der Kultur. Hamburg, Felix Meiner, 1996.

[8] COYNE, George: Aliens und Atheisten. Hamburg, DIE ZEIT, 8/2006.

[9] FEYERABEND, Paul: Wider den Methodenzwang. 7. Auflage. Frankfurt am Main, Suhrkamp, 1999.

[10] GOETHE, Johann Wolfgang von: Dichtung und Wahrheit. Stuttgart, Reclam, 1998.

[11] GROßE KRACHT, Hermann-Josef: Konkurrenz oder Komplementarität? Habermas und die Religion. Zürich, Orientierung Nr. 10, 61. Jahrgang, 31. Mai 1997.

[12] HABERMAS, Jürgen: Technik und Wissenschaft als ›Ideologie‹. Frankfurt am Main, Suhrkamp, 1969.

[13] HABERMAS, Jürgen: Erkenntnis und Interesse. Frankfurt am Main, Suhrkamp, 1973a.

[14] HABERMAS, Jürgen: Legitimationsprobleme im Spätkapitalismus. Frankfurt am Main, Suhrkamp, 1973b.

[15] HABERMAS, Jürgen: Zur Rekonstruktion des Historischen Materialismus. Frankfurt am Main, Suhrkamp, 1976.

[16] HABERMAS, Jürgen: Politik, Kunst, Religion. Stuttgart, Reclam, 1978.

Literatur

[17] HABERMAS, Jürgen: Die Neue Unübersichtlichkeit. Frankfurt am Main, Suhrkamp, 1985.

[18] HABERMAS, Jürgen: Theorie des kommunikativen Handelns, Band 1. 4. Auflage. Frankfurt am Main, Suhrkamp, 1987a.

[19] HABERMAS, Jürgen: Theorie des kommunikativen Handelns, Band 2. 4. Auflage. Frankfurt am Main, Suhrkamp, 1987b.

[20] HABERMAS, Jürgen: Nachmetaphysisches Denken. Frankfurt am Main, Suhrkamp, 1988.

[21] HABERMAS, Jürgen: Texte und Kontexte. 2. Auflage. Frankfurt am Main, Suhrkamp, 1992.

[22] HABERMAS, Jürgen: Die Einbeziehung des Anderen. Frankfurt am Main, Suhrkamp, 1996.

[23] HABERMAS, Jürgen: Vom sinnlichen Eindruck zum symbolischen Ausdruck. Frankfurt am Main, Suhrkamp, 1997.

[24] HABERMAS, Jürgen: Philosophisch-politische Profile. Erweiterte Ausgabe. 3. Auflage. Frankfurt am Main, Suhrkamp, 1998.

[25] HABERMAS, Jürgen: Der Zeigefinger. Die Deutschen und ihr Denkmal. Hamburg, DIE ZEIT, 14/1999.

[26] HABERMAS, Jürgen: Schmerzen der Gesellschaft. Hamburg, DIE ZEIT, 20/2001a.

[27] HABERMAS, Jürgen: Glauben und Wissen. Frankfurt am Main, Suhrkamp, 2001b. Wiederabgedruckt in: ders.: Zeitdiagnosen. Frankfurt am Main, Suhrkamp, 2003.

[28] HABERMAS, Jürgen: Zeit der Übergänge. Frankfurt am Main, Suhrkamp, 2001c.

[29] HABERMAS, Jürgen: Kommunikatives Handeln und detranszendentalisierte Vernunft. Stuttgart, Reclam, 2001d.

[30] HABERMAS, Jürgen: "Wann müssen wir tolerant sein? Über die Konkurrenz von Weltbildern, Werten und Theorien". Berlin-Brandenburgische Akademie der Wissenschaften. In: http://www.bbaw.de/schein/habermas.html. Stand: Juli 2009. Festvortrag zum Leibniztag der Berlin-Brandenburgischen Akademie der Wissenschaften am 29. Juni 2002a.

[31] HABERMAS, Jürgen: Religion and Rationality. Essays on Reason, God, and Modernity. Cambridge, MIT Press, 2002b.

Literatur

[32] HABERMAS, Jürgen: Die Zukunft der menschlichen Natur. Auf dem Weg zu einer liberalen Eugenik? 4. erweiterte Auflage. Frankfurt am Main, Suhrkamp, 2002c.

[33] HABERMAS, Jürgen: Zeitdiagnosen. Frankfurt am Main, Suhrkamp, 2003.

[34] HABERMAS, Jürgen: Wahrheit und Rechtfertigung. Erweiterte Ausgabe. Frankfurt am Main, Suhrkamp, 2004a.

[35] HABERMAS, Jürgen: Der gespaltene Westen. Frankfurt am Main, Suhrkamp, 2004b.

[36] HABERMAS, Jürgen; RATZINGER, Joseph: Dialektik der Säkularisierung. Über Vernunft und Religion. 2. Auflage. Freiburg, Herder, 2005a.

[37] HABERMAS, Jürgen: Spotlight on public role on religion. The San Diego Union-Tribune. In: http://www.signonsandiego.com/uniontrib/20050303/news_lz1c3role.html. Stand: Juli 2009. Interview vom 3. März 2005b.

[38] HABERMAS, Jürgen: Zwischen Naturalismus und Religion. Frankfurt am Main, Suhrkamp, 2005c.

[39] HAMER, Dean: The God Gene. How faith is hardwired into our genes. New York, Anchor Books, 2005.

[40] HOBBES Thomas: Vom Menschen - Vom Bürger. Elemente der Philosophie II/III, 3. Auflage. Hamburg, Felix Meiner, 1994.

[41] HSU, S.; ZEE, A.: Message in the Sky. Cornell, Cornell University Library arXiv.org. In: http://arxiv.org/PS_cache/physics/pdf/0510/0510102v3.pdf. Stand: Juli 2009.

[42] HUNTINGTON, Samuel P.: Kampf der Kulturen. Die Neugestaltung der Weltpolitik im 21. Jahrhundert. 4. Auflage. München, Goldmann, 2002.

[43] JOAS, Hans: Braucht der Mensch Religion? Über Erfahrungen der Selbsttranszendenz. Freiburg, Herder, 2004.

[44] JOAS, Hans: Die Religion der Moderne. Hamburg, DIE ZEIT, 42/2005.

[45] KANT, Immanuel: Kritik der reinen Vernunft. Hamburg, Felix Meiner, 1993a.

[46] KANT, Immanuel: Kritik der praktischen Vernunft. Hamburg, Felix Meiner, 1993b.

[47] KANT, Immanuel: Kritik der Urteilskraft. Hamburg, Felix Meiner, 1993c.

[48] KANT, Immanuel: Was ist Aufklärung? Hamburg, Felix Meiner, 1999.

Literatur

[49] KANT, Immanuel: Die Religion innerhalb der Grenzen der bloßen Vernunft. Stuttgart, Reclam, 2004.

[50] KANT, Immanuel: Der Streit der Fakultäten. Hamburg, Felix Meiner, 2005.

[51] KLEGER, Heinz; MÜLLER, Alois: Religion des Bürger - Zivilreligion in Amerika und Europa. 2. Auflage. Münster, LIT, 2004.

[52] KÖHLER, Horst: Ansprache vor der Bundesversammlung nach seiner Wahl zum Bundespräsidenten im Reichstagsgebäude in Berlin am 23. Mai 2004. In: http://www.bundespraesident.de. Stand: Juli 2009.

[53] LEHMANN, Karl: Neue Zeichen der Zeit. Unterscheidungskriterien zur Diagnose der Situation der Kirche in der Gesellschaft und zum kirchlichen Handeln heute. Eröffnungsreferat des Vorsitzenden der Deutschen Bischofskonferenz in Fulda am 19. September 2005. In: http://www.dbk.de/imperia/md/content/schriften/dbk4.vorsitzender/vo_26.pdf. Stand: Juli 2009.

[54] LÜBBE, Hermann: Philosophie nach der Aufklärung. Von der Notwendigkeit pragmatischer Vernunft. Düsseldorf, Econ, 1980.

[55] LÜBBE, Hermann: Politik nach der Aufklärung. München, Wilhelm Fink, 2001.

[56] LÜBBE, Hermann: >Ich entschuldige mich< Das neue politische Bußritual. Berlin, BvT, 2003.

[57] LÜBBE, Hermann: Religion nach der Aufklärung, 3. Auflage. München, Wilhelm Fink, 2004a.

[58] LÜBBE, Hermann: Staat und Zivilreligion. Ein Aspekt politischer Legitimität. In: KLEGER, Heinz; MÜLLER, Alois (Hrsg.): Religion des Bürgers - Zivilreligion in Amerika und Europa. 2. Auflage. Münster, LIT, 2004b.

[59] LÜBBE, Hermann: Die Zivilisationsökumene. Globalisierung kulturell, technisch und politisch. München, Wilhelm Fink, 2005.

[60] MERKEL, Angela: Deutschland: »Das hätte ich nicht für möglich gehalten«. Hamburg, DIE ZEIT, 47/2005.

[61] MITTELSTRAß, Jürgen (Hrsg.): Enzyklopädie Philosophie und Wissenschaftstheorie, Band 3. Stuttgart, J. B. Metzler, 2004.

Literatur

[62] MONYER, Hannah u.a.: Das Manifest. Elf führende Neurowissenschaftler über Gegenwart und Zukunft der Hirnforschung. Gehirn & Geist 6/2004, S. 30-37.

[63] MORUS, Thomas. Utopia. Stuttgart, Reclam, 2003.

[64] NIKOLAUS von Kues: Der Friede im Glauben. 3. Auflage. Trier, Paulinus, 2003.

[65] PLATON: Sämtliche Dialoge. Band V. Der Staat. Hamburg, Felix Meiner, 1988.

[66] PRISCHING, Manfred: Religion und Symbol. In: http://www.kfunigraz.ac.at/~prischin/0006s-kulturth/kulturth07-religion.doc. Stand: Juli 2009.

[67] RAUNER, Max: Graffiti von Gott. Hamburg, DIE ZEIT, Nr. 49/2005.

[68] RAWLS, John: Politischer Liberalismus. Frankfurt am Main, Suhrkamp, 1998.

[69] ROUSSEAU, Jean-Jacques: Vom Gesellschaftsvertrag oder Grundsätze des Staatsrechts. Stuttgart, Reclam, 2003.

[70] SCHLEIERMACHER, Friedrich Daniel Ernst: Über die Religion. Reden an die Gebildeten unter ihren Verächtern. Hamburg, Felix Meiner, 2004.

[71] SCHNABEL, Ulrich: Wo ist Gott? Hamburg, DIE ZEIT, 11/2002.

[72] SCHNABEL, Ulrich: Warum Menschen glauben. Hamburg, DIE ZEIT, 20/2005.

[73] SCHNÄDELBACH, Herbert: Wiederkehr der Religion. Hamburg, DIE ZEIT, 33/2005.

[74] SCHOPENHAUER, Arthur: Die Welt als Wille und Vorstellung. Band 2. Zürich, Haffmans, 1991.

[75] SCHRÖDTER, Hermann: Analytische Religionsphilosophie. Hauptstandpunkte und Grundprobleme. Freiburg, Karl Alber, 1979.

[76] SEITTER, Walter: Brauchen wir eine Zivilreligion? In: http://www.spinnst.at/seitter/nova/Zivilreligion.htm. Stand: Juli 2009.

[77] SPINOZA, Baruch de: Theologisch-politischer Traktat. Hamburg, Felix Meiner, 1994.

[78] SPINOZA, Benedictus de: Ethica Ordine Geometrico demonstrata. Stuttgart, Reclam, 1977.

[79] ULRICH, Bernd: Glauben oder eifern. Hamburg, Die Zeit, 47/2004.

Literatur

[80] VÖGELE, Wolfgang: Zivilreligion, Kirchen und Milieus der Gesellschaft. Bielefeld, Zentrum für interdisziplinäre Forschung (ZIF), Mitteilungen 3/2001. Ein Abdruck dieses Artikels findet sich in: http://www.uni-bielefeld.de/ZIF/Publikationen/01-3-Voegele.pdf. Stand: Juli 2009.

[81] WERNER, Hans-Joachim: Dialog und Diskurs. Reflexionen über „Anderheit" bei Martin Buber und Jürgen Habermas. Vortrag vor der Philosophischen Sektion der Martin Buber-Gesellschaft am 23. Oktober 2004. Marburger Forum, Jg. 5 (2004), Heft 6. Ein Abdruck dieses Artikels findet sich in: http://www.philosophia-online.de/mafo/heft2004-6/Werner_Buber_Habermas.htm. Stand: Juli 2009.

[82] WITTGENSTEIN, Ludwig: Tractatus logico-philosophicus. Logisch-philosophische Abhandlung. Frankfurt am Main, Suhrkamp, 1963.

Personenverzeichnis

A

ADORNO, Theodor W. 84

ARENS, Edmund 67, 90f

ARISTOTELES 137

AUGUSTINUS, Aurelius 28

AUSTIN, John Langshaw 69

B

BAHR, Hans Eckehard 97, 101

BELLAH, Robert N. 37, 40

BÖCKENFÖRDE, Ernst-Wolfgang 56, 109

BOËTIUS 98

BRANDT, Willy 41

BRAUN, Dieter 6

BROEKMAN, Jan M. 58

BUBER, Martin 115

BUSH, Georg W. 40

C

CARNAP, Rudolf 69

CASSIRER, Ernst 49

COYNE, George 154

D

DARWIN, Charles 45

DAVIDSON, Donald 69

DESCARTES, René 14

DEWEY, John 92

F

FEYERABEND, Paul 155f

FICHTE, Johann Gottlieb 123

FREGE, Friedrich Ludwig Gottlob 69

G

GETHMANN, Carl Friedrich 49

GETHMANN-Siefert, Anneliese 5

GOETHE, Johann Wolfgang 86

GROßE KRACHT, Hermann-Josef 111

H

HABERMAS, Jürgen 5, 7f, 14ff, 23ff, 27, 31, 33ff, 38f, 45, 47f, 50ff, 54ff, 58ff, 64ff, 124f, 127f, 132f, 135, 138, 140, 143f, 146, 148, 150, 152f, 155, 157ff, 161, 163, 165f, 168ff

HAMER, Dean 158

HEGEL, Georg Wilhelm Friedrich 14

HOBBES Thomas 11f

HSU, S. 158

HUNTINGTON, Samuel P. 155

Personenverzeichnis

J

JOAS, Hans 81, 112

K

KANT, Immanuel 8, 14, 19, 29ff, 36, 61, 68f, 75, 77, 98, 103ff, 118ff, 130, 133, 141ff, 157, 169

KLEGER, Heinz 39f

KÖHLER, Horst 42

KOPERNIKUS, Nikolaus 14, 45

L

LEHMANN, Karl 132

LOCKE, John 33

LÜBBE, Hermann 5, 7, 13, 15ff, 19f, 23ff, 27, 29, 31f, 35, 37, 39ff, 52ff, 57ff, 67ff, 75f, 78f, 82ff, 90f, 93, 95ff, 102, 106, 108, 110f, 118, 127ff, 148, 150, 152, 155, 159f, 163, 165ff

LUHMANN, Niklas 40

M

MENDIETA, Eduardo 25, 88, 114

MERKEL, Angela 41

MITTELSTRAß, Jürgen 15, 17, 64

MOORE, George Edward 69

MORUS, Thomas 32f

MÜLLER, Alois 39f

N

NEWTON, Isaac 157

NIKOLAUS von Kues (CUSANUS) 11, 14, 155

P

PEIRCE, Charles Sanders 14, 87, 138

PLATON (PLATO) 69, 86, 137

PRISCHING, Manfred 49

PUTNAM, Hilary 69

Q

QUINE, Willard Van Orman 69

R

RATZINGER, Joseph 56, 58, 79, 81, 90, 107ff, 117, 144, 159

RAUNER, Max 158

RAWLS, John 18, 88, 108, 135, 145

REICHENBACH, Hans 157

ROTH, Gerhard 161

ROUSSEAU, Jean-Jacques 5, 7, 11f, 14, 20, 23f, 27ff, 40ff, 49, 55f, 103ff, 110, 118, 127, 130, 155, 163f, 169

RUSSELL, Bertrand Arthur William 69

S

SCHILLER von, Johann Christoph Friedrich 11f

Personenverzeichnis

SCHLEIERMACHER, Friedrich Daniel Ernst 134

SCHNABEL, Ulrich 158

SCHNÄDELBACH, Herbert 101

SCHOPENHAUER, Arthur 143

SCHRÖDTER, Hermann 72, 140f

SEARLE, John Rogers 69

SEITTER, Walter 134

SINGER, Wolf 191

SPINOZA, Benedictus (Baruch) de 21, 43, 54

U

ULRICH, Bernd 81

V

VÖGELE, Wolfgang 40, 134

W

WERNER, Hans-Joachim 115

WITTGENSTEIN, Ludwig Josef Johann 69, 138

Z

ZEE, A. 158